충성이라는 함정

리더는 당신에게 충성을 요구하지 않는다

충성
이라는
함정

라이너 한크 지음
장윤경 옮김

시원
북스

목차

3장. 회사

4장. 정당

5장. 이탈자

6장. 분노

7장. 해방

1 장

집
단

시진핑이 '충성'이라는 말을 즐겨 쓰는 이유

얼마 전부터 중국의 기자들은 기자증을 받기 전에 시험을 하나 치러야 한다. 시험에 합격하고 싶은 사람은 중국의 국가 주석인 시진핑의 사상을 철저하게 알고 있어야만 한다. 그리고 이에 아직 통달하지 못한 사람은 시진핑의 사상과 연설이 담긴 쉐시창궈[學習强國, 학습강국]라는 앱을 반드시 자기 모바일 기기에 다운받아야 한다. 말하자면 이 앱은 마오쩌둥 어록의 디지털 버전 후계자라 할 수 있다. 예전에 중국 사람들이 어디를 가든 늘 지니고 다녔던, 작은 빨간 책이라고도 불린 마오성경 말이다. 시험의 정답은 시진핑의 말과 생각에 있다.

이전에는 시험에서 기자의 자격을 테스트했다면 오늘날에는 기자의 이데올로기와 정치 노선을 증명하는 데 초점이 맞춰져 있다. 시진핑은 '검열'이나 '획일화' 같은 표현을 언급하지 않는 대신 '충성'이라는 말을 즐겨 쓴다. 그는 자기 인민들에게 무엇보다 충성을 기대하며, 기자 시험에서도 충성이 입증되기를 바란다. 중국 지도부에게 충성은 애국심의 계명으로 여겨진다. 날마다 시진핑 앱에 로그인해 들어가는 것이 언제부터인가 인민의 첫 번째 의무가 되었다.

충성은 가족에서부터 시작된다

'충성(Loyalität)'은 긍정적인 개념이다. 충성스러움은 도덕적으로 좋은 것에 해당된다. 그래서 충성은 미덕으로 여겨진다. 비단 중국에서만이 아니다. 그리고 오늘날에만 해당되는 것도 아니다. 인간은 서로에게 의지하며 살아간다. 이를 위해 우리는 친구 편에 서서 그를 옹호한다. 충성은 그 자체로 하나의 가치다. 이는 따로 배우거나 익힐 필요가 없다. 충성이라는 가치는 세상에 태어날 때부터 우리와 함께한다.

이는 일찍이 가족에서부터 시작된다. 가족 안에서 우리는 서로에게 속해 단단히 결속한다. 가족은 세대를 넘어서는 소속을 뜻한다. 그리하여 우리는 부모에게 충성스레 행동한다. 그들에게 화가 나거나 (이를테면 사춘기라서) 부모가 우리를 괴롭게 하여 차라리 달아나고 싶더라도 말이다. 보통 우리는 그리하지 않으며, 도망가더라도 금방 다시 돌아온다. 충성은 타인을 향한 일종의 신의다. 결국 우리는 이로 인해 무언가를 얻게 된다. 내가 내 가족을 유지하는 이유는 내 가족이 나를 지탱하기 때문이다. 맑은 날이나 궂은 날이나, 대부분의 경우 우리는 함께한다.

이렇듯 충성은 강하고 따뜻한 '소속'의 끈을 의미한다. 이 끈은 양방향으로 작용하며 마땅히 지켜야할 의무다. 충성이 없으면 공동생활도 없다. 확실하게 약속된 소속감이 사라진 사회는 살아남지 못하며 무너지고 말 것이다. 적어도 서구적 전통에서, 남성과 여성 사이에 맺어진 충성의 약속은 사랑과 결혼, 후손 양육의 전제 조건이 된다.

충성의 의무는 어디까지인가?

충성이라는 계명을 어긴 사람은 단지 불충(Illoyalität)을 저지른 선에서 끝나지 않는다. "그러면 안 되지!" 정도로 그치지 않으며, 집단에서 배제되고 버려진다. 불충한 자는 '검은 양', 즉 이단자로 여겨진다. 더 심한 경우 배신자가 되기도 한다.

충성의 의무는 친구 사이는 물론 가족 안에서도 통용된다. 이는 (지역 또는 종교) 공동체 안에서도 중요하다. 이 의무는 씨족 사회 안에도 있고, 민족 안에서도 통용된다. 우리는 고향이라는 말 뒤에 연대와 결속을 붙인다. 국가를 말할 때도 조국 또는 모국이라 칭하며 애국심을 꺼낸다.

그럼 충성의 의무는 어디까지 미칠까? 생각보다 아주 멀리까지 이른다. 프랑스의 배우 파니 아르당은 친구와 가족 간의 충성이 어디까지 미칠 수 있는지 극단적으로 보여 준다. 영화감독 로만 폴란스키가 미성년자를 성폭행한 전력이 드러났음에도 흔들림 없이 그를 좋아하며 "가족의 일부"라고 말했다. 또한 파니 아르당은 자신의 세 자녀 중 한 명이 살인을 저지르더라도 반드시 지킬 것이라고 말했다. "나는 언제나 우리 가족을 지키고 지지할 것이다. 설령 도덕적 딜레마에 처하더라도."

충성은 확실히 우리 내면의 무언가에서 비롯된다. 예의범절과 도덕, 법이 형성되기 전 우리 안에 자리한 무언가에서.

충성은 다가가는 순간 순수함을 잃는다

나는 좌파 성향이 짙은 동네에서 자라났다. 1970년대 무렵 친구들 무리 사이에서 극좌파 무장 단체인 적군파(Rote Armee

Fraktion, RAF)의 테러리스트가 된 친구에게 은신처를 제공해도 되는지 여부를 두고 논쟁이 있었다.

무리 중 상당수는 그럴 준비가 되어 있다고 밝혔다. 그들은 왜 그렇게 말했을까? 이전에 맺은 관계가 친구를 보호하도록 이끈 걸까? 비록 우리가 선택한 수단이 서로 다르더라도 여전히 우리는 공동의 목표를 가지고 있을지 모르니까?

충성은 우리가 가까이 다가가는 순간, 본연의 순수함을 잃는다. 우리가 취한 태도가 마지막 결론에서 범죄로 이어진다면, 그 태도는 미덕이 될 수 있을까? 이탈자에게 배신이라는 낙인을 찍으면, 충성은 영원히 좋은 것이라 여겨질 수 있는 걸까? 그가 이를 따르지 않고 떠나 버릴 뿐만 아니라, 그의 양심 깊은 곳에서도 아니라는 소리가 들리더라도?

혼자서는 충성할 수 없다

충성은 분명 자유와 반대 지점에 있다. 실제로 충성은 하나의 미덕일 수 있지만, 자유주의적인 미덕은 아니다. 특히 앞에서 언급한 중국의 예는 이를 아주 명백히 보여준다.

충성은 자유주의적인 미덕이 아닐뿐더러 진보적인 미덕도 아니다. 미국의 철학자 리처드 로티는 '충성과 연대는 서로 어울리기 어려운 상극'이라고 지적한 바 있다. 충성은 소수에게만 해당되며, 연대는 보편적이다. 충성은 (예컨대 가족 같은) 소수의 몇몇만 포함시키고 다른 이들, 즉 가족에 속하지 않은 모두를 제외한다. 따라서 충성은 자유에 문제가 될 뿐 아니라(충성은 자유주의적이지 않다), 정의에도 문제가 된다(충성은 진보적이지 않다).

우리는 혼자서 충성스러울 수 없다. 충성에는 상대방이 꼭 필요하다. 물론 우리는 스스로에게 충실하고 성실할 수 있다. 하지만 충성은 뜻이 맞는 친구, 동창, 동료와 같이 집단 안에서 이루어진다. 충성이라는 촘촘하게 엮인 연결망, 단단히 압착된 직물에서 과연 경계는 어디일까? 마피아처럼 공동의 결속을 합법성보다 우위에 놓고 범죄를 저지르거나 심지어 공격적으로 옹호하게 만드는 충성의 그물은 어디까지 펼쳐져 있을까?

충성은 과대평가되어 있다

어쩌다 충성은 이토록 빛나는 명성을 가지게 되었을까? 나는 이 책에서 '충성의 심연'을 탐색해 보려 한다. 특히 기업에서 충성은 더욱 빛을 발한다.

내 결론은, 충성은 과대평가되어 있다는 것이다. 반대로 불충은 부당한 것으로 여겨져 도덕적인 비난을 받는다. 이는 우리가 보통 이 개념을 다룰 때에도 드러난다.

불충이라고 하면 어딘가 부도덕하고, 비난받아 마땅하며, 반역적이고, 부정적인 소리로 들린다. 불충과 관련해 긍정적으로 들리는 개념이 있을까? 주권, 독립, 성숙, 탄성, 반대? 아니면 해방, 정직, 자기 결정, 자율? 이들 모두는 각자 고유의 개념을 숨기고 있으나, 이로 인해 우리는 아무것도 얻지 못할 가능성이 높다. 주권도 자유도 마찬가지다. 왜냐하면 이들 개념을 사용하면 그 안에 담긴 것이 발현되기도 전에, 이들을 불충으로 여기는 고통스러운 분리 과정이 선행되기 때문이다.

그러므로 이단자와 반대자는 자기 해방을 위해 용기를 북돋는 동시에 충성의 위험을 알리는 사람이라 할 수 있다. 이는 당신의 손에 들린 이 책의 목표이기도 하다.

내부 충성으로 결속된 사회 운동

사회 운동은 강력한 충성으로 이루어진 대표적인 집단 활동이다. 최근 들어 이런 움직임들이 다수 세상에 나왔다. 국가 차원에서 연대를 강요한 코로나 봉쇄 명령은 중산층 포퓰리스트 중심의 저항 운동이라는 반격을 유발했다. 이 저항 운동은 사회적 비상사태에서 개인의 자유를 향한 갈망을 말하는 동시에 내적으로는 충성에 대한 압박을 구축했다. 집단에 순응하기를 기대하는 이 압박은 정제되지 않은 온갖 음모론을 먹고 자랐다. 코로나 시위를 주도한 집단은 '다르게 생각한다'라는 의미에서 자신들을 '크베어뎅켄(Querdenken)'이라 부른다. 이런 사회 운동의 반대 측이 어떤 유니폼을 입고 다가오는지도 잘 모르면서 말이다.

기후 변화 운동 또한 사회 저항 운동으로 이해된다. 그중에는

온건파에 속하는 미래를 위한 금요일(Fridays for Future, FFF)
이 있고, 급진파에 속하는 멸종 저항(Extinction Rebellion,
XR)도 있다. 멸종 저항은 기후 변화로 인한 인간의 멸종을 막
아야 한다며 도로를 점거하고 시위를 벌인다. 이런 운동들은
다들 선을 원하며 악에 맞서 싸우려 한다. 이들은 세상의 멸
망, 아니면 멸망과 크게 다르지 않은 지구의 생활 여건이 극적
으로 악화되는 상황을 경고하며 벽에 그림을 그린다.

코로나 시위와 FFF, '서양의 이슬람화를 반대하는 애국 유럽
인 단체(Patriotische Europäer gegen die Islamisierung des
Abendlandes)'의 준말인 페기다(Pegida)는 서로 닮아 있다. 각
각의 정치적 목적과 지지 집단을 구성하는 방식은 다르지만
말이다.

이들은 '선은 광명이고 악은 암흑'이라는 이원론적인 마니교
의 경향을 보인다. 즉 자신들은 선이고 빛이며, 다른 이들은
악이고 어둠에 덮인 자들이다. 또한 이들에게 다른 이들은 주
류다. 페기다 역시 일종의 이런 사회 운동이다. 여기에도 약속
된 종말에 대한 환상이 뒤섞여 있다. 타 인종의 지나친 침투로
인한 이민족화를 세상의 멸망으로 보는 이들은 최악의 상황을

저지할 수 있는 시기가 바로 지금이라 말한다.

사회 운동의 의미는 날로 커지고 있다. 우리는 끊임없이 어떤 입장을 취하라고 강요받는다. 나는 이 모든 반대 운동이 어딘가 불안하고 섬뜩하게 느껴진다. 크베어뎅켄과 FFF, 페기다는 말할 것도 없다. 페기다는 극우 포퓰리즘, FFF는 녹색 좌파 포퓰리즘이다. 코로나 시위는 왼쪽도 오른쪽도 아니지만, 그래서 포퓰리즘의 색이 더 짙다.

사회 운동에서 포퓰리즘 개념은 중립적인 의미다. 이른바 '대중주의'라고도 하는 포퓰리즘은 '정치적인 것의 감정화'로 지칭된다(이는 우파 정치, 좌파 정치 둘 다 가능하다). 포퓰리스트는 대중의 대변인으로 그들에게서 목소리와 정치적 영향력을 부여받았다고 여겨진다. 반대로 포퓰리스트의 적수인 엘리트와 권력자, 지도층은 대중과 소통하지 않고 그들을 홀로 내버려 두었다고 비난받는다.

전형적인 사회적 포퓰리즘 운동의 경우 조직의 형식이 상당히 열려 있다는 특징이 있다. 격식을 갖춰 가입할 필요가 없으며, 심사를 거쳐 선택되는 일도 없다. 거기 함께 있는 것만으로 충분하다. 다수의 사회 운동 단체들은 카리스마 넘치는 지도자가 꼭대기에 있다. (FFF에는 그레타 툰베리와 루이자 노이바우어, 페기다에는 루츠 바흐만, 크베어뎅켄에는 미하엘 발벡이 있다.) 단체에 속한 일원은 이들을 충실히 따른다. 이런 사회 운동에는 단순한 문장으로 표현되는 공통의 신념이 있다. 즉 세상의 끝이 가까이 왔다는 것이다. 지금이 바로 행동으로 옮길 시간이며, 12시 5분 전이라고.

이런 새로운 사회 운동은 절대적인 확신을 내세우며 두각을 나타낸다. 이들이 내거는 확신은 모호함을 허용하는 '다의성'에 반하는 형태를 띤다. 다의성은 이들이 현 지배 정치에서 싫어하는 것 중 하나다. 이들에게는 다의성이 아닌 '일의성'이 중요하다. 모호함이 아닌 '명확함'을 바란다. 확실성, 신빙성, 정체성은 높아지는 반면 모호함은 우유부단한 망설임, 비겁함이라는 오명을 얻는다.

그러나 학문은 모호함, 회의, 가혹한 비판, 부정확한 예측을 먹고 산다. 예측은 그저 가능성을 담을 뿐 종말을 의미하는 아포칼립스의 수단이 아니다. 새로운 운동들은 학문에서 그 반대를 찾는다. 명료함, 일의성, 확신, 단언, 정확한 예측, 가능하면

날짜와 시간까지. 더불어 다수의 학자들은 이에 상응하는 무언가를 기꺼이 내놓는다. 세상을 구하려는 희망에서, 영향력을 가지려는 욕망에서 비롯된 무언가를.

우리는 한 형제, 우리는 해낸다!

인간은 선천적으로 사회적 존재다. 혼자서는 온전히 성장하지 못한다. 소속은 공동의 유대를 만들며, 거리를 좁혀 친밀함을 형성하고, 외로움에서 자유롭게 한다.

미국의 정치학자이자 하버드 대학 교수인 로버트 퍼트넘이 쓴 《나 홀로 볼링(Bowling alone)》은 20세기 후반 고향이 없어 어디에도 닻을 내리지 못한 고립된 존재의 비참함을 적절하게 표현한 경고이자 알람이다.

우리는 혼자 볼링을 칠 수 없다. 볼링을 치려면 볼링 클럽이 필요하다. 하지만 동호회나 모임으로 불리는, 함께 만나 볼링을 치는 가까운 이웃 공동체가 많이 사라진 까닭에 (또는 각자의 선택에 따라 함께 노래를 부르고, 책을 읽고, 정원을 가꾸는) 개별 인간은 그저 "나 홀로 볼링"을 치는 외로운 존재로 머물게 되었다.

사회 저항 운동은 다음과 같은 슬로건을 내걸면서 이 덫에서 구해 준다. "네 손에 달려 있어. 네가 세상을 바꾸는 거야. 함께하면 우리는 변화를 일으킬 수 있어."

충성은 우정을 전제로 한다

우정은 충성의 다른 말, 일종의 동의어라 할 만큼 결정적인 키워드다. 말하자면 우정은 충성의 사회적 원형이다. "충성스러운 우정"이라는 말은 동어 반복이다. 충성은 우정을 전제로 하기 때문이다. 우정이 전제되지 않으면 충성이 아니다.

윌리엄 셰익스피어의 희곡《헨리 5세(Henry V)》에 나오는 유명한 장면을 보자. 성 크리스핀의 날, 전쟁의 한가운데서 헨리는 이렇게 연설한다. "우리는 적지만, 우리는 행복한 소수, 우리는 한 형제(We few, we happy few, we band of brothers)".

전투는 이미 오래전에 패배한 듯 보인다. 하지만 절망에 빠진 장교와 신하, 병사들의 기운을 북돋기 위해 헨리가 한 말은 그들의 사기를 높이는 데 성공한다. 헨리의 사람들은 겉보기에 불가능한, 수적으로 우세한 적군을 압도적으로 처부순다. 단지 몇 마디에 불과한, 거의 구호와 같은 ("우리"가 세 번이나 들어간) 말로, 군대의 충성은 이렇게 현실에서 위력을 발휘한다. 전쟁터에서 그들은 단순히 군인이 아닌 "한 형제"다. 충성을 맹세한, 친구 또는 형제 집단. 그러므로 우리는 해낸다!

우정에 대한 가장 유명한 분석은 베를린의 법학자 카를 슈미트의 글이다. 카를 슈미트는 1932년에 펴낸 《정치적인 것의 개념(Der Begriff des Politischen)》에서 '정치적인 것'이 적과 친구를 구별하는 본질이라 말한다. 다른 범주에서 파생되거나 관련된 무언가가 아니라 정치적인 것이 친구와 적을 나누며, 도덕적인 것(선악善惡)도 미적인 것(미추美醜)도 이를 제대로 설명하지 못한다고 말이다. 그러면서 카를 슈미트는 친구와 적의 구별은 아주 구체적이고 실존적으로 이해해야 하며, 결코 상징적이거나 은유적으로 파악해서는 안 된다고 주장한다. 적은 우리가 맞서 전쟁을 이끄는 상대다.

여기서 카를 슈미트를 더 자세히 다룰 필요는 없다. 특히 그의 반자유주의적 입장은 꺼낼 필요조차 없다. 하지만 그가 분석한 친구와 적의 구별은 오늘날 곳곳에 퍼져 있다. 우리 편이 아닌 자는 무시된다. 이를 '캔슬 컬처(Cancel Culture)', 취소 문화라 부른다. 이는 세상의 모든 도덕적 단체들이 사라지지 않게 만든다. 새로 생겨나는 포퓰리즘 운동들은 이에 대한 증거이기도 하다.

제노포비아, 이방인 혐오

지금 우리가 사는 세상은 다의성과의 구별과 분화로 어려움에 봉착해 있다. 배제는 포함의 이면이다. "나는 두렵다. 우리는 유전자에 새겨진 인간의 본성이 이방인 혐오의 경향을 지닐 뿐 아니라, 혐오감 하나로 상대 집단을 향한 폭력의 욕망을 강하게 느낀다는 사실을 시인해야 할지 모른다." 2019년에 세상을 떠난 이스라엘의 정신분석학자 카를로 스트렝거는 이 같은 추정을 내놓았다. 보통 제노포비아(Xenophobie)라고 불리는 이방인 혐오는 쉽게 말해 이런 뜻이다. 다른 사람들은 '적'으로 맞서 싸우는 대상이지, 스포츠 경기의 경쟁자가 아니다.

제노포비아는 인종주의는 물론, 반인종주의의 옷을 입고 다가오기도 한다. 오로지 POC(People of Color), 유색 인종만 '말할 권리'를 비롯해 '판단하고 평가할 권리'를 할당받으면 반대로 백인 여성 및 남성은 귀를 기울이며 침묵하는 일을 맡게 된다.

이른바 정체성 정치(Identitätspolitik)는 모든 발언이 합리적인 근거에 기초해야 한다는 의무로부터 해방시켜 준다. 누구를 겨냥하든 마찬가지다. 대신 오늘날에는 누가 말하느냐가 결정적인 차이를 만든다. 즉 '피해자'는 말을 해도 되지만 가해자는 들어야 한다. (그나마 운이 좋으면 말이다.) 누군가 이를 '백인 남성의 탈특권화'라 정당화하더라도, 정체성 정치가 사회 공동체를 분열시키고 피해자 집단들 안에 내부 충성을 확고히 세운다는 사실은 어쨌든 인정해야만 한다.

충성의 다른 말, 내집단 편애

친구와 적을 구별하는 사고뿐 아니라 친구와 적을 대하는 태도가 더욱 날카로워진 현실을, 지구화라는 계몽된 시대 속에서 부족 문화로 회귀하는 현상이라 해석할 수도 있다. 이에 많은 사람이 '부족주의'에 대해 말한다.

엄격하고도 성공적인 교육법을 담은 《타이거 마더(Battle Hymn of the Tiger Mother)》로 베스트셀러 작가가 된, 미국의 법학자 에이미 추아는 "인간은 집단의 소속이 필요하다"고 말한다. 그 이유는 인간은 부족 본능이 있는 존재이기 때문이다. 부족은 혈연(가족), 인종, 종교, 민족 또는 국가로 분류된다. 소속에 대해 물으면 대부분 사람들은 맨 먼저 출신 부족부터 꺼낸다(나는 슈바벤 사람입니다). 그런 다음 나라를 말하고(독일인), 굳이 더 추가해야 할 경우에는 EU(유럽인) 또는 세계(세계시민)까지 붙인다. "인간은 그저 조금 부족적인 것이 아니라 아주 많이 부족적이다." 에이미 추아는 이렇게 말한다. "하나의 집단에 속하자마자 우리는 굉장히 놀라운 방식으로 우리의 정체성을 집단과 긴밀히 연결시킨다. 심지어 화학적인 방식으로."

축구과 야구 같은 스포츠 동호회를 생각해 보면 부족주의는 그 자체로 나쁘지 않다. 다만 부족주의는 즉각 제노포비아로 변질될 수 있는 위험이 크다. 적에 대한 증오 없이 친구와 가까워지는 일은 드물다.

오늘날의 진화생물학은 인간이 경제적 합리성에 기초하여 개인주의적으로 행동하는 '호모 오이코노미쿠스(Homo Oeconomicus)'가 아니라 언제나 집단에 속해 있는 사회적 존재로 태어났다고 확신한다.

따라서 오롯이 혼자 존재하는 단일체적 자아는 진화론적 관점에서 보면 하나의 허구다. 우리는 집단 안에서 다른 사람들과 함께 생을 시작했고, 이는 엄청난 귀결로 이어진다. 우리는 고유의 집단을 선호하고 또 호의적으로 대하는 경향이 있다. 진화생물학자들은 이런 행동 양식을 '내집단 편애(Ingroup Favorism)'라 부른다.

내집단 편애는 충성의 다른 말이기도 하다. 집단에 충성하면 '따뜻한 소속감'이라는 보상이 주어진다. 바로 이 같은 서로의 유익이 인간의 공동 행동에 핵심 동력으로 자리하게 되었다.

즉 우리는 다른 집단에 속한 일원보다 고유의 집단에 소속된 구성원을 기꺼이 도와준다.

예일대 진화생물학 실험

예일 대학에서 진화생물학을 가르치는 니콜라스 크리스타키스 교수는 내집단 편애를 아주 생생하고도 명백하게 입증한다. 한 실험에서 다섯 살짜리 아이들에게 각각 다양한 색상의 (빨강, 파랑, 초록, 주황) 티셔츠를 나눠 주고 바로 그 색깔의 티셔츠를 입은 다른 아이들의 사진을 보여 주었다. 실험에 참가한 아이들은 자신이 무작위로 티셔츠를 받았으며, 사진 속의 아이들은 티셔츠 색상 외에 다른 차이가 전혀 없다는 것을 알고 있었다. 그럼에도 아이들은 자신과 같은 색의 티셔츠를 입은 아이들을 선호했다. 그러면서 자신이 가진 제한된 자원 (장난감 동전)을 같은 색의 티셔츠를 입은 아이들에게 더 많이 내 주었고, 그들을 긍정적으로 생각했다.

뿐만 아니라 아이들은 자신과 같은 색의 티셔츠를 입은 아이들을 더욱 우호적으로 여겼으며, 더 나아가 그들의 장난감을 자신과 공유할 준비가 되어 있을 거라 믿었다. 그리고 아이들은 같은 색의 티셔츠 집단이 보인 긍정적인 행동을 기억에서 떠올리며 그들에 대한 긍정적인 정보를 계속해서 설명하기에 이르렀다. "그저 우연히 특정 색상의 티셔츠를 받았다는 이유로, 이 모든 일이 벌어졌다." 크리스타키스는 자신의 실험 보고서를 끝맺으며, 이러한 모습은 경기장에서 열리는 모든 축구 경기에서 직접 확인할 수 있다고 말한다.

크리스타키스는 이처럼 고유의 집단을 선호하고 지지하는 보편적인 원리를 "진화의 우울한 현상"이라 부른다. 자기 집단의 일원에게 충성이라는 특권을 부여하고, 다른 집단의 구성원은 자연스레 차별과 결부시키는 것은 어쩐지 너무도 당연하게 자리 잡고 있다. 이상적인 구상하에 형성된 다수의 (원시적) 집단 안에서도, 다시 말해 선이라는 가치가 생겨나야 하는 이타적인 공동체 안에서도 이 당연함은 크게 다르지 않다. 친구와 적을 가르는 이분법이 마치 선천적으로 타고난 것인 듯이. 조심스럽게 말하자면, 내집단을 향한 충성과 다른 집단을 향한 선 긋기는 혼자 저절로 생겨난 것만 같다.

시스템과 민족적 표식

앞에서 살펴본 아이들의 실험 결과는 절대 우연이 아니며, 그 안에는 나름의 시스템이 있다. 집단은 공동의 신념을 나누고, 특별한 행동 규범과 기대되는 행동을 공유한다. 이 지점에서 고유의 집단은 다른 집단과 구별된다. 이런 규범들은 문서화 되지 않은 규칙이다. 따라서 모든 집단은 이른바 '민족적 표식' 이 필요하다. 앞에서 설명한 예일대 진화생물학 실험의 경우 특정 색깔의 티셔츠가 이에 해당된다.

축구 경기에서 하는 '파도타기' 응원도 마찬가지다. 옷가지나 집단적 움직임 외에 직접적인 신체 변형(문신) 또는 '집단 언 어(방언, 은어)' 역시 인식표로 여겨질 수 있다. 이들 모두는 완전히 우연한 표식으로, 집단이 내세우는 공동의 가치와 내 적으로 아무런 기호 관계가 없다. 그럼에도 이들은 겉으로 드 러나고, 모든 구성원들이 자기가 어디에 소속되어 있는지 신 호로 알릴 수 있다는 이점이 있다. 이를 통해 우리는 누가 우 리에게 속하는지 속하지 않은지 알 수 있다. 그러면서 우리는 내적인 신념과 가치에 대해 더 이상 어렵게 전달할 필요가 없 다. 다른 사람들 역시 이를 보게 되는 효과가 있다.

던바의 숫자

그렇다면 집단이란 도대체 무엇일까? 중요한 점은 일반적으로 하나의 집단이 수적으로 쉽게 파악할 수 있는 상태에서 머문다는 것이다. 독일에 뿌리를 두고 미국 전역에 퍼져 있는 종교 공동체이자, 그리스도적 재산 공유라는 이상을 실현하기 위해 모여 사는 후터파 사람들은 공동체 구성원의 수를 최대 150명으로 제한한다. 공동체가 계속 성장하면 충성도 연대도 해를 입는다고 그들은 말한다. 다시 말하면 구성원이 150명까지 일 때 집단 압력을 효과적으로 조성할 수 있고 그들의 머리를 숙이도록 만들 가능성도 올라간다는 뜻이다.

이는 학계에서 '던바의 숫자(Dunbar's number)'로 널리 알려져 있다. 영국의 인류학자 로빈 던바의 이름을 따서 붙인 말로, 우리가 사회적 관계를 안정적으로 유지할 수 있는 사람들의 최대 숫자를 뜻한다. 던바는 안정적인 집단을 이룰 수 있는 인원도 150명 정도라 말한다.

구체적으로 예를 들면, 당신이 주점에서 우연히 사람들과 마주치게 되었을 때 자리를 같이해서 함께 한잔할 수 있는 사람들의 수다. 던바의 숫자가 정의하는 소속은 매우 느슨한 형태를 띤다. 충성의 사회적 결속이 강할수록 유대할 수 있는 집단 구성원의 수는 더욱더 적어진다. 던바는 150명 가운데 '사회적' 친구는 50명, '좋은' 친구는 15명, 그리고 정말 '친한' 친구는 5명을 넘지 않는다고 말한다. 결국 마지막에 가면 원시 집단인 (대)가족이 남는다. 흥미로운 점은 우리가 새로운 친구를 사귀면 오래된 친구는 떨어져 나간다는 것이다. 친구의 수는 생애 주기 내내 변함없이 유지되며, 우리의 기대와 달리 결코 늘어나지 않는다.

집단의 다수가 지닌 잘못된 신념을 따른다

자기 집단을 향한 편애는 대개 맹목적인 믿음을 만들어 낸다. 심지어 자신이 지닌 더 나은 지식에 반하면서, 비합리적인 방식으로 형성된다. 이와 관련하여 게슈탈트 심리학자 솔로몬 애쉬가 1950년대에 진행한, 아주 유명한 실험이 하나 있다.

먼저 애쉬는 세로 선이 하나 그려진 카드를 각 실험 대상자에게 보여 주었다. 그리고 이 카드 옆에 길이가 각기 다른 선분이 있는 세 개의 카드를 놓으며, 세 선 가운데 첫 번째 카드의 선과 길이가 같은 것이 무엇인지 실험 참가자에게 물었다. 이를 파악하기는 전혀 어렵지 않았고, 전체 참가자의 95퍼센트가 옳은 답을 골랐다.

다음 단계에서 애쉬는 일부러 잘못된 답을 내놓는 다른 참가자들이 있는 집단 안에 각 실험 대상자를 놓았다. 무슨 일이 벌어졌을까? 새로 투입된 다른 이들은 실험 대상자를 현혹시켰고, 주변의 반대 의견에도 불구하고 내내 옳은 답을 고수한 참가자는 오직 4분의 1에 불과했다.

애쉬의 실험에서 우리는 무엇을 배울 수 있을까? 다른 사람들이 잘못된 무언가를 주장하면, 아주 똑똑한 사람들조차 속아 넘어간다는 사실이다. 그러면서 이들은 다른 사람들이 믿는 것을 믿는다. 설령 완전히 틀린 것이라 하더라도.

오늘날의 '부족들'에게 음모론과 함께 인터넷 알고리즘으로 걸러진 정보에 둘러싸이는 '필터 버블(Filter bubble)'이 일어나는 이유가 무엇인지 궁금하다면, 애쉬의 실험은 이에 대한 답을 가지고 있다. 즉 우리는 더 나은 지식에 반하면서 집단의 다수가 지닌 잘못된 신념을 따른다는 것이다.

하나의 집단 안에서 우리는 비합리적으로 행동하며, 다른 사람들이 믿는 것을 믿는다. 그 이유는 다수를 저버리지 않는 것이 중요하기 때문이다. 무리 행동은 이에 동참한 사람의 개인적인 지식, 느낌, 추측, 의심을 미루게 하는 대신에 다른 구성원들이 보인 공개적인 판단에 동조하도록 이끈다.

확증의 폭포, 확인을 갈망하는 인간

미국의 법학자이자 행동학자인 캐스 선스타인은 개인의 의견이 집단 안에서 어디로 나아가는지 연구했다. 그 결과는 우리에게 생각거리를 던져 준다. 사람들은 집단 없이 단독으로 할 때보다 집단 안에서 더욱 극단적으로 판단한다. 집단은 정치 성향이 어느 쪽이든 상관없이 구성원들을 양극화시키고 급진화시킨다. 그 이유가 무엇일까?

선스타인은 인간이 확인을 갈망하기 때문이라고 말한다. 만약 두 사람이 서로 동의하면 둘은 보다 확실한 감정을 느낀다. 제3자가 합류하여 동조하면 더욱 확실해진다. 이를 '확증의 폭포'라 부른다. 그리고 이 폭포는 그들의 의견이 견고해지는 길로 이끈다. 확증을 얻은 그들은 이제 마음껏 떠벌리게 된다. 특히 나이 많은 남성들은 모임에서 종종 작동하는 이런 메커니즘을 익히 알 것이다.

그러다 끝내 몇몇이 집단을 떠나는 일이 벌어지기도 한다. 이들에게 다른 사람들의 과격한 모습은 섬뜩하게 느껴지기 때문이다. 그로 인해 집단은 더 작아지고 과격해진다. 남아 있는 가장 충성스러운 사람들은 서로서로 북돋으며 극단으로 치달을 때까지 불을 지핀다. 선스타인은 연구실에서 진행한 실험으로 이런 깨달음을 얻었다. 그는 자신도 모르게, 독일의 극우 정당인 독일을 위한 대안(Alternative für Deutschland, AfD)을 정확히 묘사했다. 말하자면 현실민주주의 국가에서 치러진 실험이라 할 수 있다.

소속하고 배제한다! 새로운 부족주의로의 후퇴

우리가 갈등을 마치 부족들의 전투 의식처럼 끝내는 모습은 겉으로만 계몽된 시대에서 태고의 억눌린 존재로 회귀하는 현상일지 모른다. 이 같은 생각은 지난 세기 중반, 제2차 세계 대전 말기에 지식인들 사이에서 등장했다. 당시에는 전체주의가 오른쪽과 왼쪽에서 서로 대립하고 있었다. 오른쪽에는 아돌프 히틀러가, 왼쪽에는 이오시프 스탈린이 있었다.

프랑크푸르트 학파 철학자 테오도어 W. 아도르노와 막스 호르크하이머는 《계몽의 변증법(Dialektik der Aufklärung)》에서 이를 '야만으로의 후퇴'라 칭했다. 유대계 독일인으로 뉴욕에 정착한 이민자인 한나 아렌트는 《전체주의의 기원(Elemente und Ursprünge totaler Herrschaft)》에서 전체주의적 움직임이 왼쪽이나 오른쪽 같은 이데올로기와 테러에 기초한다고 분석했다.

또한 오스트리아 태생의 영국 자유주의 철학자 칼 포퍼는 1944년에 펴낸 《열린 사회와 그 적들(Die offene Gesellschaft und ihre Feinde)》에서 '집단의 부름'에 끊임없이 혹하기 쉬운 인간의 특성에 대해 말했다. 책에서 그는 "이 문명이 자기 출생의 트라우마를 여전히 극복하지 못했다"고 지적한다. 다시 말해 "마법 같은 힘의 지배를 받는 부족 사회 또는 닫힌 사회 질서에서, 인간의 비판적 능력이 자유롭게 방출되는 열린 사회 질서로 넘어가는 과정"에 있다는 것이다.

포퍼의 표현대로 '영원한 투쟁' 속에 있는 우리는 얼마 전부터 새로운 부족주의로의 후퇴를 목격하고 있다. '집단의 부름'은 오늘날 다시금 유혹적인 힘을 드러낸다. 새로운 점이 있다면 지구화, 도시화, 개화된 지적인 엘리트와 단순히 반대되는 이들, 지방의 부족 집단에만 해당되는 문제가 아니라는 것이다. 엘리트 또한 부족 구조를 가지고 있기 때문이다.

'부족 본능'은 집단에 속하려는 본능만이 아니다. 이는 소속 본능이면서 동시에 배제 본능이다. 이에 따라 우리는 빨강 유니폼을 입고 한데 뭉치며, 노랑이나 초록 유니폼을 입은 다른 사람들과 스스로를 구별 짓는다. 엘리트들 역시 티셔츠 실험의 아이들과 결코 다르지 않게 행동한다. 부족 안에선 순응의 압력이 지배한다. 이를 우리는 미화하여 '충성'이라 부른다.

자유주의 엘리트들이 원하는 집단

계몽된 엘리트들 또한 집단의 부름에 사로잡힐 수 있다는 사실은 보편적 계몽이라는 우리의 자아상에 어긋난다. 이 자아상은 종의 발달이 이루어지지 않은 미개한 선사 시대의 메타포와 그림을 가지고, 우리가 갈등을 이해하는 걸 허용하지 않는다. 카를로 스트렝거는 《망할 자유주의 엘리트들. 그들은 누구이며 우리는 왜 그들이 필요한가(Diese verdammten liberalen Eliten. Wer sie sind und warum wir sie brauchen)》에서 자유주의 엘리트들도 부족에 속하기를 원한다고 지적한다.

자유주의 엘리트들이 원하는 부족은 일종의 능력주의 집단으로, 전력을 다하면 성공이 주어진다. 이런 부족에서는 능력주의가 충성이다. 성과는 중요한 가치로 여겨지며 오직 성과만 값이 나간다. 가족, 출신, 돈은 해당되지 않는다. 엘리트의 시각에서 혈연이나 지연 또는 인종이나 종파로 결집된 다른 부족은 보다 원시적이고 덜 발달된 낡은 것으로 보인다. 능력주의가 종종 망상적 약속을 제시하더라도, 이 또한 엘리트들의 자아상에 속한다.

엘리트 부족은 지속적인 경쟁에 지배되므로 여기에 속해 살기는 아주 힘들다. '능력주의 부족'이 잠재적 우울증에 시달린다 해도, 아니면 적어도 가벼운 멜랑콜리에 빠져 있다 해도 전혀 놀랍지 않다. 엘리트에 속한 일원들은 생전에 '흔적'을 남기고 싶어 하지만, 이로 인한 불안과 공포에서 절대 벗어나지 못한다. 그들은 언젠가 흔적도 없이 지구를 떠나게 될 것이다. 과대망상과 절망은 때때로 아주 가까이에 있다.

극우 포퓰리즘에 대한 경멸

그런데 능력주의 경쟁만큼이나 내부적으로 엘리트들을 단단히 밀착시키는 것이 하나 더 있다. 즉 포퓰리즘 운동과 경멸에 가까울 정도로 거리를 두는 일이다. 도시 엘리트에 속한 일원이 극우 포퓰리즘에 이해심을 드러내면 거의 위반 수준으로 날카로운 제재가 가해진다. 이는 엘리트 집단 안에서 명백한 불충이자 엘리트적 도그마를 배신한 경우에 해당된다. 대학에서 학업을 시작하며 엘리트 지식인 세계에 발을 들이기 시작하면서부터 지키기로 맹세한 교리를 저버리는 것이다.

《아버지 시절(Vaterjahre)》의 미하엘 클리베르크, 《탑(Der Turm)》의 우베 텔캄프 같은 작가들은 이를 몸소 경험해야 했다.

미하엘 클리베르크가 2015년 시학 관련 강의에서 독일의 이민 정책을 조심스럽게 비판한 발언은 당시 대학가에 상당한 물의를 일으켰다. 자극을 유발한 문장은 다음과 같았다. "자기 정체성을 끝까지 관철시키려는 소수의 정체성과, 제 정체성을 해체하여 바꾸려는 다수의 정체성이 서로 만나는 것은 이민국 내 이주 통합에 결코 좋은 전제 조건이 아니다."

클리베르크는 자신의 개인적 '의견'과 이주자를 절대적으로 지지한 그의 새 소설 속 화자의 입장이 서로 대조를 이루었다. "개별 인간은 절대 틀리지 않으니까." 이는 결코 정치적인 고백이 아니라, 그저 화자와 작가 사이의 문학적 차이일 뿐이었다.

그러나 파란에 휩싸인 청중에게 이는 너무 복잡했다. 그리하여 청중은 작가 클리베르크의 성향을 깔아뭉개며, 진보 보편주의에 대한 배반이라는 죄를 그에게 씌웠다. 독일 대학에서 이야기를 하려면 진보 보편주의를 믿는다고 고백해야 하니까. 자기가 속한 지식인층 앞에서 벌어진 공개적인 자기비판은 일종의 형벌이 되어, 이후 문학상은 더 이상 그에게 주어지지 않았다.

우베 텔캄프의 경우는 이보다 더 심하다. 그는 동료 시인 두어스 그륀바인과의 한 토론에서, 난민을 향한 부적절한 표현으로 불행을 초래했다. "대부분은 전쟁을 피해 국경을 넘는 것도 추방된 것도 아니며, 우리 사회 체제 안에 들어와 살려고 이쪽으로 온다. 95퍼센트 이상이." 그러면서 텔캄프는 독일 땅에 "원하는 의견과 용납되는 의견 사이에 신조의 회랑"이 있다고 덧붙였다.

텔캄프의 의견은 "용납될지는 모르나, 원하는 의견은 아니었다". 텔캄프의 책을 발행한 주어캄프 출판사는 그와 입장을 같이하지 않는다는 해명을 트위터에 올렸다. 텔캄프는 나병 환자처럼 세상으로부터 배척되었다. 그때부터 그가 꾸준히 오른쪽으로 과격해지며, 새로운 부족에서 고향을 찾는 모습은 너무도 놀랍지 않은가?

집단의 부름, 새로운 공동체화

불충은 위험하다. 《분진(Flugasche)》의 작가 모니카 마론 또한 2020년에 이를 겪어야 했다. 명확히 오른쪽에 해당되는 출판사 안타이오스와 협력 관계인, 드레스덴의 한 신우파 서점과 마론이 잠시 한눈을 팔자 그때까지 40년 넘게 같이 일한 피셔 출판사는 작가와의 계약을 해지해 버렸다. '배신'은 냉혹하게 처벌된다. 아마 피셔는 자기 부족의 평판이 두려웠을 것이다. 이에 마론은 호프만 & 캄페 출판사를 은신처로 구했다.

이는 역사가 목적론적 진보의 역사가 아니라는 뜻일지 모른다. 다시 말해 악에서 선으로, 씨족·부족 사고에서 비판적·보편적 합리주의로, 인접 영역에 대한 충성 계명에서 세계 공동체를 향한 연대 의무로("모든 인간은 형제가 되리니") 계속해서 발전하는 역사가 아니라는 것이다. 우리 안의 트라우마가 반복적인 강박으로 나타나, 억눌린 것들이 도로 되돌아오고 있다. 이를 세계주의적 자유주의가 인간에게 필수적인 뿌리와의 연결을 망각했다고 말해도 될까?

사회학자 랄프 다렌도르프는 생에 필수불가결한 고향, 민족 또는 나라와의 유대를 '이음줄'이라는 말로 표현하며 이런 연결 없이는 우리가 살 수 없다고 말했다. 우리 시대의 새로운 공동체화(Vergemeinschaftung)는 '집단의 부름'으로 회귀한다는 점에서 우리에게 충격을 안긴다.

요약

친구와 적을 가르는 태도가 막강한 영향력을 가지고 돌아왔다. 어쩌면 이는 사라진 적이 없었는지 모른다. 바깥으로 향하는 경계 긋기와 안으로 향하는 충성이 동시에 작동한다. 여기서 우리는 충성이, 친구와 적의 구별에 필수적인 조건이라 말할 수 있다. 특정 집단이 다른 사람들을 향해 보다 날카로운 경계를 그을수록, 내부적 소속에 대한 증명과 충성은 더욱더 중요해진다.

친구와 적의 관계가 눈에 들어오면 대부분 적은 문제로 보인다. 적은 전쟁 및 평화 연구의 대상이다. 적은 악이며 반대로 친구는 선이다. 평화 연구를 위해 지난 수년 동안 많은 돈을 들였으나, 우호 관계의 상호 보완적 역학에는 관심이 적었으며 말할 가치가 없는 것으로 여겨졌다. 우호적 관계는 충성을 넘어 작동한다. 충성이 미덕으로서 문제화되지 않는 한, 이는 누구의 관심도 끌지 못하며 그저 지루하기만 하다. 여기에 해당되는, 이를테면 인간은 왜 자발적으로 작은 집단에 예속되어 복종하는가, 같은 물음은 사실 결코 진부하지 않다.

조금 더 나아가 우호 관계가 적대 관계만큼이나 위험할지 모른다고까지 주장해도 될까? 왜 안 되겠는가. 평화 연구(보다 정확히 말하면 전쟁 연구)는 보완할 무언가가 절박하게 필요할 테니까. 충성 연구 또는 불충 연구로.

그럼 다음 단계는 무엇일까? 첫째, 원인을 규명해야 한다. 어쩌다 충성이, 부당하게도 이처럼 좋은 명성을 가지게 되었는지 말이다. 둘째, 충성이 야기할 수 있는 모든 것들을 세세히 그려 보아야 한다. 충성은 우리를 자유롭지 않게 만들며, 계속해서 예속되도록 한다. 그리고 셋째, 충성이라는 불쾌한 마력에서 우리가 어떻게 풀려날 수 있는지 다루려 한다. 다시 말해 어떻게 우리가 '자기 자신'이 될 수 있는지, 독립적인 개인이 될 수 있는지.

모든 것은 가족 안에서 시작된다. 우리는 평생 가족으로부터 달아날 수 없다. 아니면 벗어날 수도 있을까?

2 장

가족

우리는 가족의 역사를 우리 안에 짊어진다

독일의 중등 교육 기관인 김나지움(Gymnasium)에 입학하고 얼마 지나지 않아, 어린 소년은 영어 수업에서 크리스마스 시를 하나 배운다. 열한 살짜리는 자랑스럽게 부모가 있는 집으로 달려간다. "오늘 학교에서 시를 배웠어요." 크게 외치며 그는 어머니에게 곧바로 암송한 시를 읊어 준다. "I wish you a merry Christmas, a horse and a gig, and a good fat pig, to kill next year."

소년의 어머니는 아들이 최근에 배운 외국어 지식에 기뻐하는 대신 시가 끝나기도 전에 즉각 분노를 터트린다. "너, 내가 영어 못하는 거 알잖아!" 어머니는 아들에게 호통을 친다. 그리고 소년은 결국 시를 맺지 못한다. "공장 노동자였던 어머니는 내가 당신을 놀린다고 생각한 걸까, 아니면 더 나아가 그녀를 깎아내린다고 여긴 걸까?" 나중에 가서 소년은 이렇게 회고한다. "어머니는 내가 불과 몇 달 동안 중등 교육을 받으며 생겨난 우월함을 그녀에게 드러내려 했다고 생각한 걸까?"

이 장면은 디디에 에리봉이 쓴 자전적 소설 《랭스로 되돌아가다(Rückkehr nach Reims)》의 결정적인 장면 중 하나다. 이 소설은 프랑스어 원작이 나온 지 7년 만인 2016년 독일에서 출간 즉시 베스트셀러가 되었다. 1953년, 책 제목에 나온 '랭스'에서 태어난 에리봉은 파리에서 대학 교수이자 좌파 지식인으로 활동하고 있으니 말 그대로 변두리에서 나고 자라 크게 출세한 인물이다.

에리봉이 쓴 짧은 크리스마스 일화는 소원의 시작을 알리는 신호다. 소년은 '그 세계' 출신이다. 그가 어머니에게 더 이상 무언가를 전달할 수 없는, 그저 힘겹게나마 전할 수 있는 세계.

부끄러움은 두 세계 모두에 관여한다. 평범하고 소박한 여성인 어머니는 소년이 김나지움에 가고 대학에 들어가도록 몸과 마음을 다해 정성을 쏟지만 아들이 자신을 떠나 버릴까 두렵다. 그녀는 버려진 듯한 느낌을 받고 상실의 아픔에 시달리며 아들을 외면하려 한다.

에리봉은 이렇게 적는다. "태어날 때부터 우리는 우리 가족의, 우리 주변 환경의 역사를 우리 안에 짊어진다." 그는 노동자 계층이라는 자신의 출신 때문에 '사회적 수치심'을 깊이 느졌고, 동성애자라는 자신의 성향 때문에 틀에서 벗어났다는 '성적 수치심'을 느꼈으며, 파리에서도 그는 끊임없이 차별과 폭력의 피해자가 되었다고 한다.

나중에서야 에리봉은 어마어마한 노력을 들여 이른바 '고상한 언어'를 습득하며, 예술과 음악 분야에 대한 관심도 차차 키우게 되었다. 에리봉은 교육을 가리켜 '구별 짓는 특징'이자 '배제의 원리'라고 말한다.

가족에 대한 불충은 수치심과 죄책감이 되고

정신분석학자 레옹 뷔름저는 이런 소외의 경험을 '영혼이 눈먼 상태'라 칭하며, 이때 상대방의 내적 삶에 대한 상호 간의 이해가 없어진다고 말한다. 교육의 길로 접어들면서 어머니와 아들 사이에 자라나는 낯설음이 커지지 않도록 붙잡으려면 많은 힘이 들어간다. 에리봉은 스스로를 '사회적 탈영병'이라 부른다.

수치심은 에리봉의 기본 감정이 되어 평생 그를 따라다닌다. 그는 낯선 사회 환경에 동화되며 고유의 출신지를 떠나 버렸으므로. 아니, 배신했으니까.

나중에 사회학자이자 마르크스주의자가 되는 에리봉은 자신의 계급, 즉 스스로 연대할 의무가 있다고 생각하는 노동자 계급을 배신하는 경험도 한다. 그는 아버지가 세상을 떠난 뒤 랭스로 돌아간다. 그리고 그곳에서 전통적으로 공산주의 정당을 지지하던 랭스의 노동자층이 마린 르 펜의 극우 정당 '국민 전선(Front National)'으로 넘쳐나는 현실을 목도한다. 거기서 그의 수치의 감정은 '공범이 된 감정'으로 변한다. 그와 좌파 정당이 부모를 내버려 두고 떠났으므로, 그들이 극우 포퓰리스트들에게 빠질 수밖에 없었다는 느낌을 그는 받는다.

사회적 지위의 향상은 가족에 대한 충성의 의무를 배신하는 경험을 하게 만든다. 그리고 여기에 해당되는 가족의 법칙은 다음과 같다. '너는 우리를 능가해서는 안 된다.'

강한 천성은 이탈을 더욱 부추긴다. 에리봉의 표현대로 타고난 굳센 기질은 이 같은 '자발적 자기 배제'를 받아들이고 견딜 준비가 되어 있기 때문이다. 자발적 자기 배제는 계급 사회에서 이루어지는 '피동적 배제'보다 더 잔인할지 모른다.

그러면서 사회적 상승은 새로운 균열을 만들어 낸다. 우리는 이를 '충성의 균열'이라 부를 수 있다. 이는 평생 끈질기게 봉하려고 애써야 가까스로 닫힐 수 있을 정도의 균열이다. 사회적 지위의 향상은 고향에 몸을 돌려 등을 보인다는 뜻이다. 즉 분계선을 넘어, 한 부대에서 다른 부대로 옮긴다는 말이다. (물론 이 전향이 성공적일지는 확실하지 않다.)

배신은 해방의 전제다

에리봉은 자신의 사회적 신분 상승을 '출신 가족에 대한 불충의 행위'라고 말한다. 사회적으로 출세한 사람들 중에는 이러한 경험을 공유하는 경우가 많다. 여기에는 일종의 '분리 비용'이 들고, 새 환경에 발을 들이며 생기는 '동화 비용'도 추가된다. 그러나 이러한 정신적 수고는 보상을 받는다. 도시라는 새 환경에서 얻은 자유, 에리봉의 경우는 무엇보다 동성애라는 자신의 성향대로 살 수 있는 가능성의 조건이 마련된다. 만약 그가 고향에 머물렀다면 자신의 욕망을 억누르거나 남몰래 숨겨야 했을 것이다.

배신은 해방의 전제다. 불충은 상승과 발전을 위한 조건이다. 물론 에리봉의 이야기처럼 불충으로 인해 삶의 가능성이 더욱 확장되는 경험과 자유의 획득은 보답으로 돌아온다. 만일 그가 부모와의 갈등에서 항복했더라면 최소한의 가능성마저 차단되어 영영 주어지지 않았을 것들이. 하지만 여기에는 반드시 대가가 따른다. 수치심과 죄책감은 내면 깊이 자리를 잡아 오랫동안 마음을 좀먹고 괴롭힐지 모른다. 새로운 환경에 완전히 소속되지 못한 데서 오는 영원한 균열 또한 배신에 대한 기억과 마찬가지로 내면에서 계속 살아 있을 것이다.

다른 사람들이 뭐라고 말할까?

1940년생 프랑스 작가 아니 에르노만큼 가족에 대한 배신으로 인한 괴로움을 인상적으로 그려낸 사람도 없다. 1984년 처음 출간된 에로노의 자전적 소설 《남자의 자리(Der Platz)》는 아버지의 죽음으로 시작된다. 소설 속 화자는 아버지 죽음의 원인이 자신에게 있다고 여기며 그의 삶을 기록한다. 세기가 바뀔 즈음 태어나 짧게 학교를 다닌 농부, 그러다 생을 마감한 1967년까지 노르망디에 위치한 주점이 딸린 작은 식료품 가게의 주인으로 산 사람.

아버지의 인생은 사회적 상승과 다시 추락하는 것에 대한 두려움이 얽힌 역사로, 딸의 상급 학교 입학은 그를 자랑스럽게 만드는 동시에 둘을 멀어지게 한다. 자기 부모를 비롯해 자신이 자라난 환경을 배신한 역사를 이야기하는 것은 작가에게 애정과 수치심 사이, 소속과 소원 사이를 분리하는 작업이 된다. 책에서 에르노는 '자리'에 어울리지 않는다는 부끄러움을 느껴야만 하는, 지속적인 불안을 전한다.

한번은 아버지가 실수로 이등석 기차표를 가지고 일등석에 타는 바람에 추가 요금을 내야 했으며, 공중 사무소에서는 "다 읽었으며 동의함(lu et approuvé)"이라는 문구를 서류 맨 밑에 적어야 했는데 이를 어떻게 쓰는지 몰라서 "다 읽었으며 입증함(lu et à prouver)"이라 썼다. 그는 이런 실수를 아무에게도 말하지 않았다. 에르노는 이를 '체면 손상의 그림자'라고 평한다.

그리고 똑같은 질문 하나가 에르노를 끊임없이 따라다닌다. '다른 사람들이 뭐라고 말할까?' 바로 이 질문은 교육을 받은 지식인이면서, 전형적인 소시민층을 경험한 이들에게 해당된다. 이 물음은 사회적 지위가 올라간 모든 자녀들에게 피할 수 없는 나침반인 동시에 그곳에 속하지 않는다는 사실을 보여주는 증명서다. 자기 확신이 있다면 이런 물음을 제기할 필요가 전혀 없을 테니까.

언젠가 학교에서 축제가 있기 전, 교장은 에르노의 어머니에게 이번 행사에서 따님에게 '외출복'을 입히면 된다고 말한다. 어머니와 딸은 교장이 무슨 뜻으로 하는 말인지를 몰라서 한참을 고심한다. 이 처참한 경험은 두 여성을 가깝게 만들었고, 에르노는 그 순간을 이렇게 회상했다. "우리가 당연히 알아야 했던 것을 모른다는 수치, 즉 우리가 열등한 위치에 있다는 수치"를 느꼈다고.

가족의 부끄러운 모습은 기억 속에 각인된다

에르노는 독일에서 아르봉 다음으로 큰 인기를 누리는데 그의 세 소설 《남자의 자리》(2019)와 《한 여자(Eine Frau)》(2019), 《부끄러움(Die Scham)》(2020)에는 공통점이 있다. 주인공의 '수치심'이 언제나 중심에 자리한다는 것이다. "부끄러움에서 가장 끔찍한 것이 있다면, 이를 오로지 나만 느낀다고 믿는 것이다."

《부끄러움》에는 학업을 위해 다른 지역으로 유학을 떠나는 한 소녀의 이야기가 나온다. 작가의 어린 시절이기도 한 소녀는 1952년 루르드로 향하는 버스를 타고 다른 유명한 프랑스 도시들을 여행한다. 동승한 여행객들은 대다수가 "높은 위치에 있는" 사람들로, 그들은 어디에서 어떻게 행동해야 하는지 알고 있었다. 예를 들어, 바닷가에서 소풍을 즐길 때면 그들은 초콜릿과 쿠키를 챙겨 온다. 하지만 실제 에르노의 아버지는 평소 그런 것이 자신에게 어울리지 않는다고 생각했으며, 그저 페퍼민트 혼합주 한 병에 각설탕만 가지고 갈 뿐이었다. 딸의 눈에 그런 아버지는 형용할 수 없을 만큼 망신스럽게 보였다.

수치는 단지 그 순간 참기 어려운 것이 아니다. 그것은 우리에게 달라붙은 채로 머무는 '존재 방식'을 취한다. 이는 기쁨이나 즐거움과는 전혀 다른 이차 정서다. 수치는 계속해서 더한 수치로 이끈다. 몇 년이 지나도 그것을 떠올릴 때면 육체적 증상이 나타난다. 스쳐 지나가는 생각에도 몸이 뜨거워지거나 차가워진다. 얼굴이 붉게 달아오를 정도면 더 고통스럽다. 내가 본래 숨기려 했던 무언가를 이제 다른 사람들도 볼 수 있을 테니까. 다시 말해 내가 현 세계에 속하지 못하고, 어울리지 않게 행동하고 있음을 드러내는 감정인 것이다. 굴욕은 기억 속에 기록되어 있다.

두 세계 어느 곳도 우리의 '집'이 되지 못한다

이처럼 내가 "무화(無化)되는 경험"인 부끄러움은 이전과 이후 사이의 기억에 다리가 된다. 작가는 "거기서 나는 깨달았다"라는 문장을 끊임없이 쓰며, 소설 속 화자를 통해 다음과 같이 말한다. "하지만 이런 표현은 경험한 상황에 대한 명징한 의식을 전제로 한다. 거기에는 이 표현을 모든 의미 외적인 것에 고정시키는, 부끄러움의 감정만 있을 뿐이다." 에르노는 자신이 사는 세계에 순응하려 했다고 적는다. "출신이라는 단순한 관계로 비롯된 세계를 잊으려 하는 것은 마치 나쁜 취향을 드러내는 것만 같았다."

우리는 이 주제에서 결코 벗어나지 못하며, 지속적으로 이를 떠올리게 된다. 두 세계 어느 곳도 우리의 '집'이 되지 못한다. 이는 불충의 벌이며, 불충으로 인한 죄의식과 같다. 탈출구는 없을까? 인간이 역사를 기록하며 만회하는 것은 나쁜 해결책이 아니다. 성장과 불충으로 깨지고 갈라지는 인간의 일대기를 그린 '교양 소설'이 독자들은 물론 작가들에게도 큰 인기를 누려 왔다는 사실은 그런 점에서 놀랍지 않다. 이런 이유로 사회 계급 간 이동이 쉬워진 이후, 대략 19세기 초반부터 교양 (성장) 소설은 늘 인기가 높았다.

1973년 주어캄프 출판사가 발행한 시리즈 중 하나인 《계급애 (Klassenliebe)》는 한 젊은 여성의 내적 독백을 담은 책으로, 그 당시 독일에서 거의 모든 사람이 읽을 정도로 유명했다. "나는 내 아버지를 떨쳐 버릴 수 있을까? 그러면서도 나의 출신을 배반하지 않을 수 있을까?" 화자는 스스로 묻는다. 학생인 화자는 아버지의 직업을 절대 '노동자'라 말하지 않고 '필름 인화업자'라 소개한다. 그렇지만 화자의 아버지가 인쇄를 하는 사람, 즉 노동자라는 사실은 숨겨지지 않는다. 이어서 화자는 자신이 느낀 수치에 대해 전한다. '얼굴이 붉어졌다'고 말이다.

집을 떠나느니 차라리 집에 가만히 있어라

이 같은 전기를 담은 소설은 두 세계, 출신 세계와 현 세계를 화해시키려는 시도를 감행한다. 말하자면 출신 세계와 소원해지는 과정에서 경험한 침묵을 문학으로 다리를 놓아 극복하려 한다. 1945년 라인란트의 한 시골 마을에서 노동자 계급의 자녀로 태어난 울라 한은 자신의 연작 자전 소설에서, 그녀의 또 다른 자아 힐라 팜을 등장시켜 소원의 경험과 화해의 경험을 포함한 모든 과정을 처음부터 끝까지 겪게 한다.

힐라 팜이 모스크바에 속한 독일 공산당(Deutsche Kommunistische Partei, DKP)에 참여하는 모습은 노동자 아버지와의 사이에서 잃어버린 친밀함을 대체한다는 의미로 이해할 수 있다. 그녀는 노동자 계급과의 연대로 속죄하는 한편, 그녀의 혁명적 사명은 그 계급에 속한 이들을 자유롭게 한다. 그녀는 노동자 아버지를 배신했으므로, 이제 세상의 다른 모든 노동자들을 구제하려 한다.

공산주의 정당을 향한 울라 한의 감정적이고 비이성적인 충성은 그저 이런 식으로 설명된다. 정당 정치적 충성의 상처로 어쩌면 그녀는 재차 배신감을 느꼈을지 모른다. 다음에 이어지는 시도에서 그녀는 정치 영역을 벗어나, 문학에서 자기 삶의 정체성을 새로이 형성하려 한다. "나는 내 계획의 끝에 다다랐다." 에르노 역시 《남자의 자리》를 이렇게 끝맺는다. "내가 교양 있는 부르주아 세계로 들어갈 때, 그 문턱에 두고 가야 했던 유산을 밝히는 일을 끝내 마쳤다." 글을 쓰는 일은 한 인생을 만회하게 한다. 다만 그러면서 우리는 지나온 길을 두 번 걸어야 한다.

성경에 나오는 '돌아온 탕자'의 이야기처럼 떠난 길을 모두 걷지 못한 사람은 예상보다 일찍 되돌아온다. 탕자는 자기 몫의 유산을 아버지에게 받고 길을 떠나지만 외지에서 이를 모두 탕진한다. 걸인으로 타락하여 돼지 치는 목동으로 일하면서 너무나 굶주린 나머지, 그는 크게 후회하며 아버지의 집으로 돌아가고 싶어 한다. 그러면서 그는 자신의 죄를 아버지에게 고백하고 일꾼 자리를 하나 부탁하기로 결심한다. 이어서 그가 집으로 돌아오자, 아버지는 자기 아들의 귀환을 몹시 기뻐하며 그가 말을 끝내기도 전에 즉시 받아들인다. 아버지는 아들에게 가장 좋은 옷을 내어 입히고 성대한 잔치를 벌인다.

탕자 이야기의 교훈은 이렇다. 부모의 집을 떠나면 이런 일이 벌어진다는 것이다. 멀어지고, 가난해지고, 부끄러워지고, 후회하며 돌아오는 길만이 남는다. 이런 굴욕적인 상황에서 아버지가 아들을 두 팔 벌려 받아들이는 일은 쉽다. 아버지의 대대적인 승리다. 세상의 모든 아들이여, 집을 떠나느니 차라리 집에 가만히 있어라. 그러면 너희는 모든 굴욕적 패배를 피할 수 있을 것이다.

탕자는 외지에서 자신의 약점으로 인해 실패했다. 쾌락의 경험은 그저 기억과 궁핍을 남겼고, 그는 이를 견딜 수 없었다. 뉘우치는 죄인으로서 아버지에게 돌아갈 때 그는 "자기 고집에 지치고 자기 자신에게 신물이 난" 상태였다. 작가 앙드레 지드는 소설 《탕자, 돌아오다(Die Rückkehr des verlorenen

Sohns)》에서 이와 같이 해석한다.

아버지는 떠나는 아들을 이해할 수 없다. 그리고 그는 아들이 어디에서도 집처럼 좋은 곳을 찾지 못할 거라 생각한다. 하지만 아들이 돌아온 뒤, 그가 특별히 주문한 살찐 송아지가 아들의 입맛에 맞는지 묻자 돌아온 탕자는 얼굴을 바닥에 묻고 흐느끼며 고백한다. "아버지, 아버지! 밖에서 도토리를 주워 먹곤 하던 야생의 입맛이 그래도 계속 입에 남아 있어요. 그 무엇으로도 덮을 수가 없어요." 이것을 과연 일치와 화해의 귀환이라 말할 수 있을까?

날마다 탕자가 돌아오기를 바라며 기도했던 어머니는 아버지와 마찬가지로, 아들이 저 바깥에서 무엇을 찾아 헤맸는지 알고 싶어 한다. 아들은 답한다. "저는… 제 자신을 찾으려 했어요." 앙드레 지드의 소설에서 아들은 어머니의 부탁으로 집안에서 가장 어린 동생을 살피게 된다. 그처럼 몰래 집을 떠나 자기 자신을 찾고 싶어 하는 어린 동생에게, 돌아온 탕자는 바깥에서 회의를 느꼈으며 나 자신을 찾는 걸 이제 포기했다고 고백한다.

성공적인 귀환

라이너 마리아 릴케가 독일어로 번역할 정도로, 프랑스 작가 앙드레 지드가 성경 속 이야기를 개작한 이 단편에 담긴 놀라운 변증법은 거의 알아차릴 수 없을 정도로 미묘하게 처음의 의미와 반대로 간다. 막내 동생은 자기 형을 따라 하며 더 잘해 보려 한다. "저는 지금 당시 집을 떠날 때의 형님과 똑같은 거예요." 돌아온 형은 동생이 떠나는 것을 지지할 뿐 아니라, 동생이 출발하기 전에 자기 경험에서 나온 유용한 조언을 건넨다. "강해져라. 그리고 우리를 잊어라, 나도 잊어라." 성경에서 찬사받은 귀향이 지드의 작품에서는 떠나는 발걸음과 출신의 망각을 향한 격려로 그려진다.

중간에 되돌아오지 않고, 출신을 철저히 부정하는, 성공적인 해방은 상일까? 거기까지는 아니더라도 최소한 고향에 대한 기억에서 분리되는 것은 어떨까? 자신이 어디에서 왔는지 잊은 사람은 행복할까? 끊임없이 자기 역사를 인지하고 있는 사람은 확실히 더 힘들고 급히 되돌아갈 위험에 처해 있다. 이는 앙드레 지드 본인의 자전적 경험이다.

매우 보수적인 (독실한 가톨릭이 가미된, 청교도) 부르주아 중산층 가정에서 나고 자란 지드는 이후 (남자) 친구와 함께 북아프리카로 떠난다. 1893년 당시 아주 이례적으로, 그들이 동성애자로 살아갈 수 있고 도덕적으로 승인을 받을 수 있는 곳으로. 나중에 가서 지드는 '가족과 그리스도교'가 자유와 개성의 발전을 가로막는 주요 장애물이라 표현한다. 다른 식으로 말하면, 가족과 그리스도교처럼 이토록 분리를 어렵게 만드는 것도 없다. 그래서 지드는 '잊으라!'는 조언을 건넨다.

독일 현대사를 다룬 에드가 라이츠의 삼부작 대서사시 〈고향(Heimat)〉의 주인공 '헤르만'은 이를 알고 있다. 헤르만은 시몬 집안에서, 훈스뤽 산지의 작은 마을 짐머른에 있는 김나지움에 들어갈 가능성이 있는 유일한 사람이다. 훈스뤽에 머무는 그의 두 형 안톤과 에른스트는 그를 "위선적이고 속물스런 부르주아 놈"이라 여긴다.

1950년대 말, 대입 자격시험 아비투어(Abitur)를 막 마친 열여덟 살의 헤르만은 뮌헨에서 음악을 공부하기 위해 자신의 출생지인 샤파흐를 떠난다. 그리고 그는 유명한 지휘자 겸 작곡가가 된다. 한참 뒤 3부에서 그는 고향으로 돌아온다. 오랜 연인 클라리사와 함께 그는 1990년대 무렵 라인강 상류에 위치한 오래된 주택을 새로운 고향으로 삼는다. 그럼에도 다른 역사에서 그는 여전히 잃어버린 아들, 탕자다. 헤르만이 훈스뤽으로 돌아오는 길은 결코 귀향길이 아니다. "나는 훈스뤽으로 돌아갔다. 하지만 고향으로 돌아간 것은 아니었다. 그건 불가능하다." 감독 에드가 라이츠의 자전적 색채가 뚜렷이 드러나는 〈고향〉 삼부작의 2부 끝에 이런 말이 나온다. 어쩌면 우리는 이런 식의 성공적인 귀환을 상상해야 할지 모른다.

가족은 유전자와 사회적 지위를 상속한다

부모는 자식에게 축복이자 저주다. 그리고 운명이다. 어머니와의 애착 관계는 자녀의 행복한 삶의 전제 조건이 되고, 여기서 전의식적 충성이 생겨난다. 이는 나중에 생기는 모든 이성적인 것보다 더욱 강하다. 초기에 이루어진 기본적 신뢰는 성공적인 삶의 필수 요소인 동시에 장차 일어나는 가혹한 분리의 경험에 버팀목이 된다. 더 나아가 우리가 사회적 소외를 겪을 때에도 중요한 역할을 한다.

누구도 자기 부모를 고를 수 없다. 부모는 우리 고유의 삶에 긍정적이든 부정적이든 영향을 끼치며 선명한 특징을 남긴다. 그 특징은 심지어 여러 세대를 넘어 이어지기도 한다. 한 사회 안에서 각자의 삶이 동등하지 않게 나아가는 것은 그가 어떤 가정에서 태어나느냐와 밀접한 관계가 있다. 이는 그가 사는 곳이 자본주의 체제인지 사회주의 체제인지에 대한 질문보다 훨씬 더 크게 좌우한다. 출신은 슬쩍 비켜가지 않는다. 가족 안에서 유전자는 계속 전달되고 사회적 지위도 잇달아 상속된다. 가족은 계급 사회의 존재와 이 사회를 우리가 절대 극복할 수 없음에 책임이 있다. 가족 안에서 충성은 당연한 것처럼 기대되며, 불충은 처벌된다.

부모에 좌우되지 않는 기회의 평등을 가리키는 용어 중 하나로 '사회 이동성(Soziale Mobilität)'이 있다. 완벽하게 유동적인 사회에서는 부모의 사회적 지위, 즉 그들의 소득 및 교육 수준과 자녀 사이에 아무런 연관성이 없다. 이런 사회는 일종의 유토피아다. 독일에서 대학을 나온 부모의 자녀 100명 가운데 74명은 대학 교육을 받는다. 대학을 나오지 않은 부모의 자녀는 불과 21퍼센트만 대학에 간다. 교육 개혁가 게오르크 피히트가 1960년대 중반 중고등학교와 대학의 확대를 주장하며 대대적으로 펼친 대중 운동으로 비롯된 교육 확대가 견고한 교육 불균형과 결부되어 나타난다는 사실은 어딘가 모순처럼 보일지 모른다.

하지만 결코 그렇지 않다. 하위 계층의 아이가 인문계 중고등학교에 해당되는 김나지움 추천서를 받으면, 부모가 실지로 아이를 김나지움에 입학시킬 가능성은 40퍼센트 미만이다. 극빈층 가정은 20퍼센트에 그친다. 중산층 사회 환경의 경우 40~80퍼센트이며, 상위 계층은 무려 90~100퍼센트에 달한다. 아이가 김나지움 추천서를 받지 못하면, 마찬가지로 이에 대한 반응도 사회적 환경에 좌우된다. 하위 계층의 부모는 아이를 김나지움에 보내지 않으며, 부유하고 교육 수준이 높은 가정은 추천이 없음에도 대략 60퍼센트는 어떻게든 고등 교육 기관에 다다른다.

출신을 배반하지 않으려는 자세

끈질기게 살아남은 계급 사회에 그 원인이 있다고 말할 수 있을까? 대학 교육이 더 많은 소득을 가져다준다는 사실을 노동자 가정은 모르는 걸까? 독일의 국립 대학교는 학비를 요구하지 않으며, 재능 있는 아이는 장학금을 받을 수 있는 통로가 많다는 걸 사람들이 모르는 걸까? 교육학자들은 지식의 문제가 아니라고 말한다. 비용과 이득에 대한 평가의 차이가, 대학을 나온 사람과 대학을 나오지 않은 사람 사이의 교육 의지에 커다란 간극을 만든다고 설명하기는 어렵다.

사회적 상승 의지의 결핍은 접근 조건에 대한 무지로도 부족한 교육 기관으로도 설명되지 않는다(독일은 대학교가 지역에 골고루 분포되어 있다). 교육경제학은 자기 한계에 도달했다. 아니면 대학 교육을 받지 않은 사람들에게 겉으로 드러나거나 드러나지 않은 공포가 있는 것은 아닐까? 예컨대 보다 높은 교육 과정을 마치면 부모와 자녀 사이가 멀어질 거라는 두려움 말이다. 반면 대학 교육을 받은 사람들에게는 거꾸로, 겉으로 드러나거나 드러나지 않은 계명이 하나 자리하고 있는 건 아닐까? 적어도 부모의 최종 학력은 따르라는 규율이.

이는 비단 추측이 아닌 실제다. 대학 교육으로 나중에 경제적 유익을 얻는다는 사실을 하위 계층의 자녀들에게 알려 주면, 행동 변화가 거의 일어나지 않는다. (하위 계층에서) 자기 부모보다 더 높은 교육 과정을 마친 자녀들에게서는 자기 부모와 가족에게 상당한 거리감을 느끼며 사회적 상승에 대한 바람이 두드러지게 줄어든다. 이와 달리 대학 졸업자의 자녀들은 좋은 아비투어 성적과 대학 입학을 당연한 목표로 여기고 이는 부모의 자부심으로 이어진다. 이들에게 교육이 가져올 물질적인, 비물질적인 '투자 수익'을 알려 주면, 집안의 교육 수준을 유지하려는 바람은 올라간다.

그러므로 충성은 두 가지 경우를 모두 설명해 준다. 출신 가족에 대한 충성으로, 대학을 나오지 않은 집안의 자녀들은 자기 부모의 계급에 머무른다. 혹여 그곳에서 안락함을 느끼지 못하거나, 자신이 더욱 잘 해낼 수 있다 느껴지더라도. 한편 대학을 나온 집안의 자녀들은 자기 부모의 지위와 거주 환경에 대한 충성으로 인해, 부모가 걸어온 교육의 길을 따르지 않기가 어렵다. 출신을 배반하지 않으려는 자세는 계급 사회가 존속하는 중요한 이유 중 하나다. 경제학자와 사회공학자, 자유주의자와 사회주의자는 다들 자기 한계에 부딪히고 있다.

사회적 대부와 대모의 역할

교육을 통한 계몽과 지식이 가족이라는 집단을 향한 불충을 북돋는 데 도움이 되지 않는다면, 그럼 누가, 무엇이 도움이 될까? 이른바 멘토처럼 다른 계급의 경계에 엮여 있으며 이를 가로지르는 사람들이 있다. 말하자면 이들은 성공적인 불충을 도와주는 조력자다. 일종의 '사회적 대부'로서, 이들은 불충의 길로 인도하는 해방 조력자 역할을 한다. 몇몇 사회학자들은 이런 대부모 관계가 이른 시기에 형성되느냐, 되지 않느냐에 따라 아이의 성공적인 상승이 좌우된다고 말한다.

이 관계는 '대체 불가능한' 총체로서 아이의 경험 세계를 생산적으로 교란시킬 수 있다. 즉 정신적 후견인인 '대모'나 '대부'가 인생의 롤모델로 아이 부모와 경쟁자 위치에 놓이면 그들에게 자녀는 (적어도 부분적으로는) '탕자'가 된다. 부모를 전부 잃었거나 한쪽이 없는 아이는 놀랍게도 이 지점에서 훨씬 유리하다. 부모를 잃으면 가족 해체를 경험하게 되며, 이는 미래의 사회적 소속 및 위치를 열어 준다. 그러면서 가족에 대한 충성의 의무는 느슨해진다.

1965년 독일 바덴뷔르템베르크 주 바트 우라흐에서 태어난, 터키 출신 외국인 노동자의 아들 젬 외즈데미르는 집에서 오직 터키어로만 말했으며 오후에는 슈바벤 출신 반 친구의 할머니네 여관에서 숙제를 했다. 이는 근본적으로 자기 출신 가족에 대한 첫 번째 작은 불충이었다. 그의 부모는 다른 사람이 자신들보다 아들에게 더 많은 걸 해 줄 수 있음을 일찍이 겪어야 했다. 그러나 그들은 이를 참고 견뎠다.

그리고 그의 반 친구들이 장래를 생각할 때, 아비투어 시험을 앞둔 청년 젬 또한 그다지 박하지 않은 미래를 그렸다. 적어도 교육학을 전공할 수 있을 거라 그는 믿었다. 왜냐하면 다른 사람들이 그리 믿고 기대했으니까. 후에 그는 독일 녹색당(Die Grünen) 최초의 터키 아나톨리아 출신 당 대표가 되며, 만약 그가 운이 좋다면 흑녹 연정(Schwarz-grüne Koalition) 최초의 외무부 장관이 될지도 모른다.

젬 외즈데미르의 경우 친구의 할머니와 반 친구들이 '사회적 대부와 대모'였다. 나도 이와 비슷한 경험을 가지고 있다. 나에게는 미하엘 뮐러라는 반 친구가 있었다. 그의 아버지는 바덴뷔르템베르크에서 유명한 위생 전문 업체를 운영했다. 그들은 슈투트가르트에서 공장 사장처럼 형편이 좋은 사람들이 주로 거주하는 중간 산지의 뵙서발트슈트라세에 살았다. 정원에는 커다란 나무 그네와 보모가 있었고, 오후가 되면 보모는 두꺼운 빨대가 꽂힌 높은 유리잔에 차가운 코코아를 내어 주었다.

나의 어머니가 일찍 세상을 떠나고 나서, 뮐러 부부는 아홉 살짜리 나를 기꺼이 받아들였다. 나는 일주일에 한두 번 그들의 집에 가서 점심을 먹고, 오후 내내 그곳에 머물렀다. 내가 그세계에 소속되어 있지 않다는 느낌을 누구도 내게 주지 않았다. 나는 부끄러워할 필요가 없었다. 물론 조금 불안하기는 했지만, 그곳에 어울리지 않는 행동을 할까 걱정하지는 않았다. 다행히 운이 좋았다. 물론 반 고아나 다름없던 내가 느낀 연민이 나를 살짝 불안하게 했는지 모른다. 나를 제외하고 우리 반의 다른 모든 아이들은 양쪽 부모가 다 있었으니까.

그러다 언젠가 미하엘 뮐러가 지나가는 말로 한마디를 건넸다. 4학년이 지나면 김나지움으로 학교를 옮기게 되는데 나도 함께 가야 한다고 말이다. 그때 나는 솔직히 말해서, 스스로 김나지움에 들어갈 수 있을 거라 믿지 않았다. 기껏해야 실업계 학교인 레알슐레(Realschule)나 가능하다고 생각했다. 하지만 나는 미하엘 뮐러를 잃고 싶지 않았다. 그리고 나는 다른 건 몰라도 하나는 알고 있었다. 미하엘이 나보다 훨씬 똑똑한 아이는 아니라는 것을.

집안에서는 아무런 반대가 없었다. 아무것도 확실히 모르는 상태에서, 당시 나는 어머니를 잃은 고통 속에서도 스스로 운이 좋다는 말을 꺼낼 수 있었다. 내 어린 시절 속에는 장래를 꿈꿀 빈 공간이 있었고, 솔직하고 개방적인 나의 태도가 가족으로부터 무참히 파괴되지 않았으니까. 아버지는 그 문제를 중립적으로 대했다. 아버지는 김나지움과 대학으로 이어지는 나의 행보를 받아들였고, 크게 지원을 하지는 않았으나 방해하려 하지도 않았다. 아버지와 나 사이에는 시간이 갈수록 점점 더 깊은 침묵이 이어졌다.

지역 사회의 교육을 도운 신부들

과거에는 지역 신부가 대부로서 중요한 역할을 맡았다. 신부는 수 세기 동안 사회적 대부의 전형적인 모습을 구현했다. 사회적으로 상승하고 싶은 사람은 그를 '대학 나온 신사'의 본보기로 삼을 수 있었다. 신부는 모든 작은 시골마다 있었다. 그는 학교 수업이나 성사, 영성체를 통해 동네 소년과 소녀들을 잘 알았다. 거기서 그는 아이들의 재능에 대해 나름의 의견을 낼 수 있었다. 대학을 나오지 않은 부모들, 특히 어머니들이 재능 있는 아이를 대학에 보내도록 이끄는 사람은 이런 신부였다. 이들은 어머니들에게 이의를 제기할 권위를 가지고 있었고, 어머니들은 그저 주저하면서 감행할 수밖에 없었다.

부모들은 자녀 발전에 대한 대가가 '멀어짐'이라는 것을 무의식적으로 느꼈을지 모른다. 하지만 신부의 권고에 감히 반대하기는 어려웠다. 이는 신의 질서를 대리하는 존재이자 대학까지 나온 신부의 권위를 의문시하는 것과 같기 때문이다.

가톨릭 신부는 고해 성사를 통해 청소년기 아이들의 내면을 들여다보며, 사회적 상승에 대한 아이들의 관심에 적극 개입할 기회가 있었다. 신부는 비밀스러운 진실을 알고 있었고, 누구와도 이를 공유해서는 안 됐다. 이러한 사실은 신부에게 새로운 권위를 부여해 주었고, 그들은 사회적 상승을 돕는 일종의 '해방 조력자' 역할을 할 수 있었다. 이들은 가족으로부터 탈출을 가능하게 하고, 무사히 탈출하도록 다리를 놓았다. 하지만 이제 과거의 일일 뿐 신부의 이러한 역할이 사라져 안타깝다.

그럼 오늘날에는 '사회적 대부'로서 신부의 자리를 누가 떠맡을 수 있을까? 주변 친구들의 부모나 조부모가 대신할 수 있지 않을까? 그들이 다른 환경에 속해 있는 한 가능할지 모른다. 이런 대부나 대모는 새로운 사회에 대한 실질적인 통찰을 전하고, 일종의 훈련장을 마련해 주며, 사회적 위치를 옮기면서 발생하는 비용을 줄여 준다. 이 같은 환경은 충성의 소용돌이에 맞선다. 사회학자들은 교사나 다른 교육 전문가들이 사회적 대부로서는 적합하지 않다고 말한다. 직업적으로 그런 사명이 주어진 이들이지만 말이다.

교사나 교육자와 달리 제재의 의무에서 자유롭고 아이들의 교육 과정을 더욱 여유롭게 바라볼 수 있는 인물이 사회적 대부로서 더 적합할지 모른다. 교사가 대부인 경우 그들이 "자기 책무를 다하고" 나면 아이들은 힘을 키워 다시금 대부로부터 해방되어야 하는데 이는 분명 더 힘들어 보인다. 끝내 해방에 성공하면 관계가 끝나지는 않으나, 일시적인 본보기로서 교사의 역할은 끝이 난다.

약한 유대의 강점

강력한 사회적 유대가 항상 좋은 것은 아니다. 집단 가운데 가족은 더욱더 바깥으로는 문을 잠그고 안으로는 보다 강한 충성의 폭포를 세우는 경향이 있다. 스탠포드 대학에서 강의하는 경제학자이자 사회학자인 마크 그라노베터는 1973년 자신의 논문에서 "약한 유대의 강점"을 주장했다.

그에 따르면, 정서적 강도와 친밀함은 바깥을 제대로 바라보지 못하게 한다. 부모와의 유대에 비해 끈끈함이 덜한 멘토나 대부 같은 약한 관계는 우리가 또래 집단 바깥의 환경과 접촉하도록 이끌며, 새로운 관습(무엇을 해야 할지, 무엇이 옳은지, 어떻게 입고 어떻게 먹을지 등)과 경험을 허용하도록 만든다. 또한 낯선 의견에 맞서 싸우는 대신, 진지하게 받아들이는 길로 우리를 이끈다. 약한 유대의 강점은 불편하거나 어색한 새로운 정보에 우리가 접근하도록 만든다는 데 있다.

이에 반해 충성은 강한 유대로, 상승과 발전을 차단한다. 가족뿐 아니라 전 씨족에서, 다른 환경에 동화되길 거부하며 금지령을 내린다면 거의 극복할 수 없는 지경에 이른다.

앞서 등장한 젬 외즈데미르는, 능력주의적인 슈바벤 지역의 바트 우라흐에서 소수 집단에 속했다. 스스로 소수라는 사실에 순응하면서도 그는 이를 나약함의 표시로 느끼지 않았다. 그리고 그의 부모는 일찍이 슈바벤이라는 성과주의 사회의 가치에 기꺼이 굴복하기로 했다. 그들은 심지어 인근에 "터키 사람들이 너무 많이" 산다는 이유로 첫 번째 집을 떠나 '독일인들' 지역으로 옮겼다. 이는 1960년대~1970년대 독일의 외국인 노동자 일대기에서 그리 이례적인 경우는 아니다. 이는 융화에 대한 의지를 전제로 한다. 그리고 단순히 독일어 통달을 넘어 '독일적' 가치를 수용할 때 동화될 가망성이 커진다.

사회적 상승과 이를 위해 불가피한 충성의 파기가 당사자를 자유로이 해방시키는 상황이 있는 반면, 사회적 상승으로 당사자가 힘들어지는 환경도 있다. 만약 젬 외즈데미르가 대략 십년 늦게 베를린 크로이츠베르크 지구의 코트부서 토어 근처에서 자라났다면, 무슨 일이 벌어졌을지 상상해 보자. 다수의 터키인들이 사는, '이탈'을 전체 씨족에 대한 배신으로 여기며 처벌하는, 이른바 다른 평행세계에서 그가 나고 자랐다면 어땠을까. 뿐만 아니라 독일의 호의적인 다문화가 오랫동안 다듬어지고 안정된, 고유의 종교적·문화적 특별함을 유지하려는 그들의 정치적 뜻을 받아들이는 세계였다면. 독일어 습득보다 능통한 터키어 실력이 더 중요한, 성공적인 동화에 필수적인 특정 계층의 어법을 중요시 여기지 않는 세계였다면.

이런 경우 씨족을 벗어나려는 생각은 감히 하기 어렵다. 감수해야 하는 위험이 크기 때문에 절대 벗어나지 않을 가능성이 높다. 녹색당의 대표가 될 필요도 없다. 물론 다른 방식으로 행복을 누릴 수도 있다. 그러나 향상된 교육으로 얻게 되는 자유, 또 다른 한편으로 얻게 되는 높은 소득은 분명 크다.

충성이 강요된 사회는 내적으로 시들고 만다

이런저런 가족사에서 다시 본질적인 문제로 되돌아가 보자. 충성은 곳곳에 있으나 특히 가족 안에 단단히 자리하고 있다. 흔히 말하는 가족 간의 유대는 알다시피 여러 의미로 해석될 수 있다. 충성의 특성인 '의무적인 소속'은 다양한 상징이나 행위로 굳건해진다. 예컨대 혼인 성사를 통해 부부는 "죽음이 둘을 갈라놓을 때까지"라며 평생 신의를 약속한다. 장관은 오직 국민의 안녕을 위해 일하겠다며 선서를 하고, 의사는 환자의 건강만을 생각하겠다고 약속하며, 군인은 고국을 지키겠다고 국기에 대해 맹세를 한다. 축구 클럽에 대한 절대적인 충성을 약속하며 팬들끼리 부르는 승리의 찬가도 이에 속할 수 있다. 훈장은 입증된 상이자 미래의 신의에 대한 맹세이기도 하다. 충성은 이런 수많은 수행적인 확인 행위를 담고 있으며 이로 인해 강화된다.

충성이 강제하는 의무 속에는 자기 집단에 대한 지지, 즉 '내집 단 편애'가 들어 있다. 집단의 구성원들은 특권 있는 사람으로 여겨지며, 그들이 이루어 낸 성과나 자유로운 선택 때문이 아 니라 그들이 집단에 속해 있다는 사실 자체가 유일한 이유다. 이 계명에 순응하는 것은 의무다. 충성은 가까운 영역 안에서 통용된다. 그러므로 충성은 보편적인 연대와 이미 개념적으로 상충한다. 계급의 한계를 넘어선 동등한 대우, 더 나아가 모 든 인간에 대한 동등한 대우를 요구하는 보편적 연대는 충성 의 개념과 어긋난다.

충성은 개별 인간의 자유를 가로막을 수 있다. 충성은 달라붙 어 좀처럼 떨어지지 않는다. 접착제와 다름없이 아교처럼 강하게, 분리와 변화, 새로운 출발을 막는다. 이스라엘의 철학자 아비샤이 마갈릿은 《배신(On Betrayal)》에서 "두터운 인간관계의 아교" 같은 특징을 지적한다. 긴밀한 인간관계는 강한 접착제처럼 그로부터 떨어지기가 어렵다. 실뭉치, 펠트, 포박 등 직물을 가리키는 표현들처럼 모두 엉켜 있거나 묶여 있거나 달라붙어 있다. 펠트는 동물의 털처럼 무질서하게 엉킨 섬유질 원료를 압축해 만든 천으로 분리하기 어렵고, 펠트를 일일이 풀어내는 일이 가능하다면 엄청나게 능숙한 기술이 필요한데다 어마어마한 힘이 들어갈 것이다.

만약 관계가 펠트처럼 얽혀 있다면 거의 분리할 수 없을 정도로 서로 밀접하게 연결되어 있는 것이다. 사회가 펠트처럼 엉켜 있다면 창의성과 역동성은 존재하지 않고 사고는 점점 마비될 것이다. 오로지 충성만 있는 사회는 내적으로 시들고 만다. 설령 외적으로 활발한 적대 관계 덕에 생을 유지할 수 있다 하더라도.

요약

우리는 가족을 통해 충성의 덫을 이미 익히 알고 있다. 가족을 떠나는 것은 위험한 모험이다. 자율로 나아가는 길은 우리를 힘들게 하며, 부끄러움과 소원함 같은 불편한 감정들과 결부된다. 운이 좋은 사람은 '사회적 이동'을 수월하게 해주는 '사회적 대부'의 도움을 받기도 한다.

그럼 다음 단계는 무엇일까? 도대체 왜 충성은 이처럼 무제한적으로 좋은 평판을 가지고 있는 걸까? 충성스러운, 순종적인, 성실한 것은 거의 언제나 미덕으로 여겨진다. '충성스러운 직원'은 좋은 직원을 뜻한다. 충성이 미덕이라면 그 반대 개념은 부정적이다. 누가 불충하고 불성실하고 싶을까. 순종적이지 않은 사람은 반란자다. 불충한 사람은 배신자, 아웃사이더, 아니면 내부 고발자. 그런데 내부 고발자에게 배신에 대한 비난이 가해지는 이유는 무엇일까?

3 장

회사

기업이 위험을 감수하고 불법을 저지르는 이유

전투기 날개를 조립할 때에는 볼트를 너트에 단단히 조여야 한다. 조립 과정이 엄정하지 못하면 이를 매번 순조롭게 해내기는 어렵다. 그러면 왜 너트에 홈을 파는 도구를 투입하지 않는 걸까? 조립이 잘되도록 도와줄 수 있을 텐데 말이다. 이는 당연히 엄격하게 금지된다. 너트에 홈을 파면 볼트가 쉽게 풀어질 수 있기 때문이다. 최악의 경우 비행기가 추락할 수도 있다.

금지령에도 불구하고 너트에 골을 파는 도구는 현장에 들어온다. 모든 작업자는 이 도구에 접근할 수 있는 나름의 통로가 있으며, 그중 절반은 고유의 견본을 가지고 있다. 전속 품질 보증 부서에서도 이런 위반을 허용한다. 그 이유는 위반이 엄중한 제한 시간을 지킬 수 있도록 해 주기 때문이다. 유일한 문제는 (내부적으로 '게슈타포'라 불리는) 공군의 검사관들이다. 그들이 나타나면 노동자들은 서로에게 위험 신호를 보내고 검사관들이 사라질 때까지 이 도구를 숨겨 놓는다. 금지령에도 불구하고 너트에 골을 내는 공구는 현장에 투입된다.

영어로 이 공구는 '탭(Tap)'이라 불리는데, 금지된 탭의 역사는 전후 미국에서 비롯되었다. 이는 니클라스 루만의 '유용한 불법(Nützliche Illegalität)'을 구체적으로 보여 주는 전형적인 사례다. 말하자면 나쁜 일이 벌어지더라도 회사 내부 규칙을, 국가 법률을 위반하는 것이다. 이런 위반은 기업의 목적을 달성한다는 의미에서 유익하고 실용적이다. 이를 통해 기업은 과정을 줄이고 돈을 절약한다. 다르게 말하면, 법에 어긋나기는 하나 (적어도 이 관행이 발각되어 중단되지 않는 한) '좋은 목적'을 가진 행위다. 대부분 동료들은 이를 알고 있거나 어렴풋이 느끼면서 암묵적으로 허용한다. 그러므로 동화 속 이야기와 달리 현실에서는 책임을 물을 수 있는 확실한 악당은 없다. 보통 우리는 이런 부정을 바라보려 하지 않으며, 부정이라 부르려 하지도 않는다.

명백한 사기와 기만의 사건들

놀랍게도 조직적으로 규칙을 위반하는 경우는 이례적이지 않다. 오히려 규칙을 지키는 것이 예외적인 경우다. 독일 사회학자 슈테판 퀼은 다음과 같이 지적한다. 조직에서 '예측 가능한 경영'을 위해 규칙이 필요하기는 하지만 다른 한편으로 "상황에 적응하기" 위해서는 규칙 위반이 필요하며, 이는 기업의 원활한 작동을 유지시킨다고 말이다.

환경 당국에서 규정한 질소 산화물 배출량에 맞추기 위해 조작된 소프트웨어를 자동차에 장착하여 실제 배기량을 속인 폭스바겐(Volkswagen, VW)의 대형 스캔들을 생각해 보자. 금융 위기 전후에 금리를 조작해 세금을 대거 유용하고 엄청나게 높은 수수료를 고객들에게 받아간 은행들의 스캔들도 떠올려 보자. 우리는 이런 사례들을 예외로 여긴다. 전체 가운데 지극히 소수의 스캔들만 발각되었기 때문이다.

너무나도 명백한 사기와 기만의 사건들이 어떻게 이리 오랫동안 알려지지 않은 채 지속될 수 있는 걸까? 겉보기에 복잡해 보이는 이 질문에 대한 답은 간단하다. 바로 '충성'이다. 우리는 충성을 이런 식으로 정의해 왔다. 강력한 의무를 지키도록 만드는 따뜻하고 사회적인 접착제. 무엇보다 회사 안에서 충성을 기대하는 영역은 많다. 위반 행위는 아주 엄중하게 처벌되어야 한다.

우리는 기업의 불법적인 행위를 도덕화하고 범죄화할 수 있다. 새로운 규칙을 내릴 수 있으며, 비공식적인 규범 [소위 '컴플라이언스(Compliance)'라 불리는 자발적 준법 시스템] 또는 형법상의 규범을 강화할 수도 있다. 그러나 규칙 위반의 규칙성은 거의 변하지 않는다고 슈테판 퀼은 주장한다. 즉 규칙 위반의 도덕화는 무익하며, 틀림없이 위선과 가식으로 이어진다는 것이다.

폭스바겐의 내부 고발자

페터 L.은 이에 대해 할 말이 있다. 시사 주간지 〈슈테른(Stern)〉의 한 르포에 등장한 페터 L.은 새 천 년이 시작될 무렵부터 볼프스부르크의 폭스바겐에서 일한 젊은 엔진 개발자였다. 그는 디젤 엔진의 배기가스를 검사 기준에 맞게 저감하도록 조작된 소프트웨어에서 명령어를 제거하려 했다. 그는 자신의 상사는 물론 상사의 상사에게도 갔다. 자신과 마찬가지로 그들도 기만하지 말아야 한다는 신념이 있을 거라 생각했기 때문이다. 분별 있게 행동해야 한다는 확실한 신념이.

하지만 페터 L.은 착각하고 있었다. 당연히 그 누구도 폭스바겐이 기만적인 기업이라고 솔직하게 말하지 않았다. 오히려 상사들은 사소한 일로 자신들을 성가시게 한다고 그를 꾸짖었다. 그들은 "그런 건" 모두가 한다며 발뺌을 했다.

결과는 침묵이었다. 충성은 상당한 침묵을 필요로 한다. 페터 L. 또한 끝내 동참했다. 그는 분명 자신의 최선을 다했다. 그는 자신의 기회주의가 절대 부정한 행위가 아니라고 스스로 정당화했다. 자신은 기술적으로 가능한 수단을 만들었을 뿐이며, 다른 이들이 데이터를 채운 것이라고. 그리고 그는 일 전체를 스스로 결정하지 않았으며, 그저 자신에게 내려진 임무를 완수했을 뿐이라고 말이다.

누가 페터 L.에게 돌을 던질 수 있겠는가? 영어 속담에 이런 말이 있다. "조직이 너에게 옳은 일을 하길 원한다면, 너에게 정직을 요구하는 것이다. 조직이 너에게 옳지 않은 일을 바란다면, 너에게 충성을 요구하는 것이다." 이 말은 충성의 요구가 얼마나 분별없는지, 충성과 불충이 가까이에 놓여 있음을 넌지시 드러낸다. 기업들이 충성을 접합제로 사용하는 이유가 있다. 충성은 직원들의 DNA에 긍정적인 가치로 입력되어 있기 때문이다.

영웅과 현실은 차이가 크다

다른 식으로 표현하면, 충성이 자기 집단 구성원들에게 당연한 특권을 부여한다는 사실은 부족 역사를 지닌 우리에게 선천적으로 새겨져 있다. 충성에 의해 작동하는 집단은, 자극과 장려로 행동을 유도하는 집단보다 훨씬 안정적이다. 아마 많은 기업이 이를 겪었을 것이다. 예컨대 그동안 인센티브와 같은 자극과 장려를 통해 직원들을 관리하려 했던 기업들은 회사를 향한 직원들의 내적인 충성이 점점 허물어지는 것을 경험했다.

불충은 무서울 정도로 심각하게 여겨진다. 내부 고발자의 비참한 운명을 보면 충분히 알 수 있지 않은가. 내부 고발자는 기업이나 기관에 소속된 직원으로, 불법적인 일을 내부에 신고하거나 외부에 공개한 이들이다. 심지어 이런 고발이 직무상 의무인 경우도 드물지 않다. 그럼에도 끝내 망가져 버린 사람들이 있다. 이들은 기관의 보복에 산산이 부서진다. 어떤 사람은 양심의 가책에 무너지는데 동료들을 신고한 것이 그들을 배신했다는 느낌을 들게 하기 때문이다.

영웅과 현실은 차이가 크다. 내부 고발자는 할리우드에서 인기 있는 캐릭터다. 영화에서 우리는 갑자기 불충을 찬양하고 좋아한다. 불충이라는 단어를 사용하지 않더라도 말이다. 우리 모두는 영화 속에서 충성하지 않는 내부 고발자를 사랑한다. 로빈 후드의 전형에 완벽하게 들어맞기 때문이다. 모두와 맞서는 하나. 그 하나는 선하며 다른 모두는 악하다. 대담하게 오직 진실과 자신의 양심을 따르며, 내부 고발자는 자기 일을 끝까지 해낸다. 이에 그는 명성과 명예, 사회의 박수를 얻는다. 이는 영웅적 개인의 전형으로, 영화 속 내부 고발자는 대기업이나 국가를 굴복시키고 양심과 정의가 승리한다는 사실을 증명한다.

도망자 에드워드 스노든

이런 클리셰를 가장 잘 따른 인물은 에드워드 스노든이다. 그의 이야기는 짧은 기간 안에 두 번이나 영화로 만들어졌다. 2019년에 그가 펴낸 회고록은 베스트셀러가 되었다. 그의 회고록은 기업뿐 아니라 세계의 여러 국가, 국가의 정보 기관을 다룬다. 스릴러 요소가 추가된 것이다.

회고록의 줄거리를 간단히 정리하면 다음과 같다. 군인 집안 출신인 스노든은 애국심으로 2003년 이라크전 파병 부대에 자원한다. 후에 그는 미국 중앙정보국 CIA에 들어가 대테러 센터의 컴퓨터 보완 관련 기술자로 일하기 시작한다. 그러면서 그는 미 중앙정보국이 페이스북과 구글 같은 인터넷 기업들의 수백만 이용자 정보를 수집할 수 있는 프로그램의 존재를 알게 된다. 스노든은 대규모 감시 프로그램이라는 유례없는 사건을 대중에게 공개하기로 한다. 이 행위가 법에 위반된다는 사실을 알면서도 그는 폭로하기로 결심한다. "훨씬 큰 불의를 일반에게 공개하기 위해, 범죄를 저지를 수밖에 없었다." 그사이 유명해진 그의 표현처럼 말이다.

스노든은 도주를 계속하다가 그를 받아들일 준비가 되어 있는 유일한 나라, 러시아로 망명한다. 미국에서는 소송이 기다리고 있으며, 최악의 경우 그는 국가 반역죄나 대역죄로 사형 선고를 받을지도 모른다. 그의 행위는 우리 모두가 대항해 지켜야 하는 사이버 범죄나 다름없고, 적에게 중요한 정보를 넘겨준 것이라는 비난의 목소리가 쏟아진다. 그의 행위로 인해 미국 안보가 위험에 처했다는 비난에 있어서는 조 바이든, 도널드 트럼프, 버락 오바마가 놀랍도록 일치된 의견을 보인다. 스노든은 자신이 한 일을 "총체적 감시 시대의 시민 불복종 행위"라 칭하며 양심을 내세운다. 매일 밤 그는 자신이 신념을 위해 싸웠다는 확신을 가지고 잠자리에 든다고 한다.

전형적인 영웅 서사는 자동적으로 흘러간다. 정보 감시는 악이고, CIA는 악이며, 트럼프는 악이다. 그리고 또 하나 확실히 스노든은 선이다. 그는 우리의 대변인이고, 영웅적인 개인이며, 세계 이곳저곳으로 떠돌아다니는 도망자다. 그를 받아 준 러시아에서, 블라디미르 푸틴의 "흠 잡을 데 없는 민주주의" 국가에서 그는 망명자가 된다. 할리우드 영화처럼 짜여 있는 스노든의 사례는 몇몇 무거운 질문을 우리에게 던진다. 만약 우리가 민주적으로 선출된 미국 대통령의 위치에 있다면, 우리는 어떻게 반응할까? 국가를 향한 충성의 요구에서, 일말의 이해가 자리할 틈은 없는 걸까? 비판이 바깥으로 새어 나가지 않도록, 우리는 요구하지 않을 수 있을까? 시민 불복종 행위를 정당화하기 위해 시민들이 자기 양심을 내세운다면, 우리는 어디로 향하게 될까? 사실 양심은 그리 강렬한 인상을 주지 않는다. 우리는 결국 다시 돌아올 것이다. 국가를 향한 충성으로.

내부 고발자는 실패한다?

불충에 관한 이런 모든 사례들은 언어의 문제이기도 하다. '불충'은 문제가 있는 것처럼 들리고, '내부 고발자'는 영웅적으로 들린다. '누설'은 (무언가에) 책임 있는 곳이 샌다는 뜻으로 이미 나쁘게 들린다. '배신자'는 악한 사람처럼 들린다.

불충은 무엇보다 모호함을 잘 보여 주는 좋은 예다. 실상을 어떻게 묘사하느냐에 따라 판단은 달라진다. 나는 기업가인 한 친구에 대해 이야기하며 '충성'과 '불충'에 관한 짧은 평론을 쓴 적이 있다. 친구의 말 속에서 나는 그의 모순적이고 분열적인 태도를 엿볼 수 있었다. 그는 내부 고발자에 대해 위험을 기꺼이 감수하는 그들의 용기를 높이 산다면서 높은 존경심을 가진다고 했다. 그들의 도덕적 확고함에 감탄하지만, 내부 고발 이력이 있는 사람이 회사에 지원을 하면 그를 고용하지 않을 거라 말했다. 그 이유는 회사에는 당연히 충성스러운 직원이 필요하지, 믿을 수 없는 사람은 필요하지 않기 때문이다. 여기서 충성스러운 직원은 '회사를 향한 내부적 충성의 의무를 갖춘 사람'을 뜻한다.

회사에서 높은 자리에 있는 사람에게 충성은 매우 귀중한 자산이며, 이는 각 직원을 가치 있게 만든다. '규정에 따른 근무'는 모든 기업에 지속적인 손해를 가한다. 하지만 충성은 이를 잘 덜어 주고, 고용주는 충성이라는 자산을 무료로 얻는다.

반면 내부 고발자는 불충의 가장 적합한 원형이다. 우리는 흔히 내부 고발자를 한 기업의 흠 없는 직원으로 그리곤 한다. 흠 없는 한 직원은 어떤 사건을 계기로 회사 안의 더러운 일을 목격한다. 그리하여 그는 상사에게 다가가 이를 지적하지만 무시를 당하고 언론 매체나 검찰에 접근해 이 추악한 일을 고발한다. 이에 조사와 소송 절차가 뒤따르고, 기업에는 유죄 판결이 내려진다.

이 가운데 현실과 일치하는 것은 거의 없다. 이런 전형적인 그림은 우리의 기대를 채워 주기는 하지만, 현실은 전혀 다른 모습을 하고 있다. 보통의 경우 내부 고발자는 실패한다. 내부 고발자는 대담하고 강직한 인물들이 오르는 승자의 연단 대신 정신 병원으로 향하는 계단에 오를 가능성이 훨씬 높다.

극단적이지만 전형적이지 않다고 말하기도 어려운 또 다른 사례가 있다. 구스틀 몰라트는 자신의 아내가 투자 자문으로 관여한, HVB 은행이 부당 거래(검은 돈, 탈세)를 한다는 낌새를 느꼈다. 하지만 몰라트는 자신이 발견한 것을 공개적으로 알리고 대중을 납득시키는 데 실패했다. 그의 아내가 먼저 선수를 쳐서 그를 폭행 혐의로 재판에 넘겨 그에게 비난이 쏟아지도록 만들었기 때문이다.

몰라트의 정신이 온전하지 않다고 판단한 법원은 2006년 그에게 정신 병원 감호 처분을 내렸다. 그곳에서 몰라트는 7년 동안 감옥살이를 했다. 판사는 은행이 검은 돈을 거래한다는 몰라트의 주장을 한 미치광이의 망상이라 여겼다. 그중 적어도 일부는 사실과 일치한다고 HVB가 끝내 스스로 시인하며 몰라트의 아내와 고용 계약을 해지하기 전까지 말이다.

이는 결코 특별한 경우가 아니다. 아일랜드 골웨이 국립대학의 경제학 교수이자 내부 고발자 전문가인 케이트 케니는 직원의 입을 다물게 하는 무기는 정신적 문제로 몰거나 범죄자 취급을 하는 것이 대표적이라고 말한다. 케니는 다수의 유익한 사례 연구를 바탕으로 내부적 불충을 대대적으로 분석한 결과물을 2019년에 내놓은 바 있다. 몰라트는 그의 소송이 새로 제기되어 마침내 그가 무죄 판결을 받을 때까지 6년 이상의 구금을 견뎌야 했다.

에드워드 스노든과 구스틀 몰라트의 사례는 세간의 이목을 상당히 끌었기 때문에 예외에 해당될지 모른다. 이들의 이야기처럼 스펙터클하지 않은 다른 내부 고발 사례들을 들여다보면, 충성의 본질을 제대로 파악하고 충성의 덫에서 벗어나기가 왜 그리 힘든지 이해할 수 있을 것이다. 불충을 향한 찬사는 종종 입에 발린 말에서 끝나고 만다. 그 이유는 누구도 배신자와 엮이고 싶지 않기 때문이다.

회사에 대한 두 가지 종류의 충성

스위스의 양대 은행 중 하나인 UBS 은행 파리 지점에서 고객 상담원으로 일한 스테파니 지보는 2008년 3월 25일, 상사로부터 그녀의 컴퓨터에 저장된 모든 고객 정보를 당장 삭제하라는 지시를 받는다. 지보는 지시의 배후에 다른 이유가 있을 거라 추정했고, 은행이 탈세자들을 숨겨 주고 비자금을 적극 모집하고 있음을 알게 된다. 그녀는 고객 정보를 지우라는 상사의 지시를 거부했지만, 어느 날 자신의 컴퓨터 문서에서 중요한 정보가 사라졌다는 사실을 알아차린다. 누군가 그녀의 컴퓨터에 불법으로 접근해 정보를 삭제한 것이다.

먼저, 지보는 왜 상사의 정보 삭제 지시를 거부한 걸까? "이는 나에게 UBS에 대한 신뢰의 문제였다." 지보는 2019년 2월 〈노이에 취르허 차이퉁(Neue Zürcher Zeitung, NZZ)〉과의 인터뷰에서 이렇게 밝힌다. "8년 동안 나는 은행이 탈세자를 모집할 리가 없다 생각하며 일했다. 그러다 갑자기, 내가 속았다는 사실을 받아들여야만 했다."

지보의 이런 대답은 전형적이다. 내부 고발자들의 내면에서는 두 가지 종류의 충성에 대한 기대가 서로 충돌한다. 기업에 대한 충성과 일종의 보다 '높은' 충성, 이를테면 고유의 가치나 기업에서 '선'이라 여기는 신념에 대한 충성이다. 후자의 충성은 지시에 불복하는 이들을 정당화한다.

스테파니 지보는 설령 정당한 이유가 없다 하더라도 상사의 지시에 응해야 했다. 하지만 그녀는 부당한 일을 절대 하지 않는, 은행에 대한 신뢰에 충성하기로 한다. 이 지점은 매우 흥미로운데 누구도 불충하길 원하지 않는다는 사실을 보여 주기 때문이다. 이처럼 인간은 두 단계의 충성을 구축하곤 한다. 지보는 자신의 이상, 즉 기만적인 UBS가 아닌 도덕적으로 분별 있는 UBS에 충성한 경우다.

부서진 삶과 조직의 힘

아무리 도덕적인 이상에 충성하려 해도 내부 고발자에게 돌아오는 것은 아무것도 없다. UBS 은행은 결국 지시를 어기고 내부 비리를 폭로한 스테파니 지보를 해고하려 했다. 다행히도 회사의 노력은 노동법에 막혀 무산되었지만, 이후 지보는 은행에서 지옥처럼 괴로운 시간을 보내야 했다. 그녀는 상사로부터 단절되었고 더 이상 아무런 업무 지시를 받지 않았다. 지보는 정신적으로 엄청난 고통을 받았고 결국 2012년 초 은행을 떠나야 했다. 그녀가 은행을 떠났다고 모든 것이 끝난 것은 아니었다. 은행에서 '명예 훼손'을 이유로 제기한 소송 때문에 그녀는 내내 시달려야 했다. 도덕적으로 청렴한 그녀의 행동은 일자리를 찾는 데 전혀 도움이 되지 않았다. 내부 고발자 이력 때문에 그녀는 어디에서도 새로운 일자리를 찾지 못했다. 26년 동안 금융 업계에서 풍부한 경험을 쌓았음은 물론, 노동 시장 조건이 상당히 좋았음에도 불구하고 말이다.

내부 고발자는 칭송을 받는다. 하지만 누구도 이들을 원하지 않는다. 스테파니 지보는 사회 보장 연금에 기대어 살고 있다. 기나긴 법정 공방 끝에 은행은 총 3,000유로의 피해 보상금을 그녀에게 지불하게 되었다.

한편 미국에는 내부 고발자를 위한 '자진 신고 감면 제도'가 있다. 미국의 UBS 스캔들에서 대부호의 탈세를 도와준 은행원 중 한 명인 브래들리 버켄펠드는 혐의를 시인하고 사법 당국에 적극 협조했다는 이유로 국가로부터 1억 400만 달러의 사례금을 받았다. 비록 그가 법을 위반했음에도 말이다. 미국에서는 인텐시브로 내부 고발을 고무한다.

심리학자 C. 프레드 알포드가 2001년에 발표한 유명 내부 고발 연구는 "부서진 삶과 조직의 힘(Broken Lives and Organisational Power)"이라는 부제를 달고 있다. 대기업의 힘과 내부 고발자의 도덕 사이에서 벌어지는 싸움은 대부분 기업이 이긴다. 명료한 보고 라인을 갖추고 권위주의적인 일처리가 이루어지는 기업에서, 지배받지 않는 담론의 자리는 없다. 그러나 강력한 접착제로서 충성이 존재하지 않으면, 권위주의적 틀을 가진 힘은 제대로 작동하지 않을 것이다. 충성이라는 접착제는 권위적인 조직 구조를 내적 동기의 원동력으로 바꾼다.

기업은 당근과 채찍으로 결집하지 않으며, 인류의 역사가 시작될 때부터 늘 함께한 "소속이라는 따뜻한 유대"로만 한데 묶인다. 그런 까닭에 내부 고발자는 사랑받지 못하는 말썽꾼이며, 그들이 형식적으로 컴플라이언스 준법 의무에 따라 부조리를 신고하더라도 마찬가지다. 이런 경우 대개 공식적으로 위임 받은 내부 고발자로 취급되나, 흔히 말하는 영웅 대접과는 전혀 다른 과정을 밟는다.

기업에서 불충을 몰아내는 5단계

케이트 케니 교수는 한 회사에서 불충을 위협해 몰아내는 '이상적인 과정'을 다음과 같이 설명한다. 먼저 (1) '무시하기'로 시작된다. 계좌를 자세히 들여다보지 않은 부유한 고객들에게 은행이 초과 비용을 물게 했다는 수상한 정황을 발견하면, 아무도 듣지 않고 내버려 둔다. 보스턴 교구의 신부가 아이들을 추행했다는 신고는 틈 사이로 빠져나간다. 이런 신고와 발견은 그날의 안건 목록에서 숨겨지고 미뤄진다. 부정한 행위는 관료주의 정글 안에서 자취를 감춘다.

내부 고발자는 고집스럽게 버틴다. 그저 "도덕적 나르시시즘" 성향을 띠는 강한 천성이 이를 가능하게 만든다. 그리고 그는 공개적으로 알리기로 결심한다. 처음에는 재차 무시하기가 뒤따르다가 다음으로 (2) '괴롭히기', (3) '고립시키기', (4) '배제하기'가 이어진다. 이는 점점 더 위협적으로 커지는 고문이라 해도 결코 과장이 아니며, 회사의 '보복 충동'이라 풀이해도 무방하다. 회사 입장에서 내부 고발자는 둥지를 더럽힌 직원이니까. 내부 고발로 둥지의 거주자들은 모욕을 입었으므로, 모든 법적·심리적 수단을 동원하여 이들은 그가 이 모욕을 느끼도록 만든다.

최악의 단계는 (5) '자기 의심'이다. 자기 의심에 이르면 내부 고발자는 이렇게 묻는다. "내가 문제인가?" 자신이 착각에 빠졌다 생각하고 양심의 가책을 얻으며 스스로를 배신자라 여긴다. 그는 공동체가 없는 고립 속에서 시달린다. 자신을 탓하고 다른 이들의 비난을 제 것으로 만들어 자신의 불충을 꾸짖는다. 그러면서 소름 끼치게도, 내부 고발자는 자신에게 맞서고 비난을 가한 이들에게 분노하며 저항할 가능성을 스스로 박탈한다.

렐로티우스 사건

앞의 5단계는 개인의 인격을 파괴하는 단계라 할 수 있다. 다수의 내부 고발자가 (폭스바겐의 페터 L. 처럼) 일찍이 포기하고 회사의 기만에 자기 책임이 없다며 이내 스스로 안정을 찾는, 다시 말해 자신에게 아무런 책임도 지우지 않고 또 아무런 의무도 느끼지 않는 현실이 놀랍기는 하지만, 이해하기 아주 어려운 것도 아니다. 소설 《미하엘 콜하스(Michael Kohlhaas)》에서 부당한 권력에 맞서 끝까지 싸운 주인공 콜하스는 처절한 삶을 살아야 했다. 반면 기회주의자는 배신자보다 안락한 삶을 산다.

언론도 다르지 않다. 〈슈피겔(Der Spiegel)〉의 저널리스트 후안 모레노는 포기하지 않은 사람들 중 하나다. 모레노는 1983년 〈슈테른〉에 실린 위조된 히틀러 일기장 사건 이후, 독일 저널리즘 역사상 가장 큰 사기 스캔들로 꼽히는 '렐로티우스 사건'을 적발했다. 그는 평소 동료 기자인 클라스 렐로티우스를 오랫동안 의심의 눈으로 지켜보았다. 렐로티우스는 분쟁 지역에 사는 사람들의 이야기를 치밀하게 풀어낸 방대한 분량의 탐사 기사를 잇달아 발표하며 대중과 언론의 주목을 받았다. 그러나 모레노는 심도 깊은 탐사 보도를 어떻게 단기간에 정기적으로 내놓을 수 있는지 의아하게 여겼다.

그러던 어느 날, 모레노는 〈슈피겔〉로부터 미국과 멕시코 접경지대에 관한 르포를 렐로티우스와 함께 써 달라는 의뢰를 받았다. 하지만 모레노는 그와의 공동 취재를 거부하고 결국 각자 다른 지역을 맡아 기사를 쓰기로 한다. 이후 모레노는 렐로티우스의 기사에서, 직접 찾아가지 않은 지역을 날조하여 묘사한 것이 분명해 보이는 부분을 발견한다. 모레노가 평지라 알고 있는 지역을 렐로티우스는 기사에서 산악 지대로 그렸기 때문이다. 처음에 모레노는 자신의 의혹을 확신하는 대신, 자신이 주시한 부정을 납득이 가도록 이해하려 애썼다. 확실히 우리는 믿음을 정당하다 여기며, 불신이 타당하다는 것은 인정하려 하지 않는다. 이는 인간의 내면에 깊이 자리한 가정으로, 물론 이 가정은 종종 우리를 실망시킨다.

렐로티우스가 가짜 기사로 사람들을 기만하고 있음을 확신한 모레노는 상사들에게 이에 대해 알리지만, 그들은 오히려 모레노를 시기심 많은 인간으로 몰아세운다. 그들은 모레노가 시기와 질투 같은 저열한 감정에 휩싸여 회사에 충성을 다하지 않는다며 공격적인 질타를 집중적으로 가한다. 그들은 렐로티우스와 오랫동안 연합하며 그 끈을 단단히 붙들고 있었기에, 만일 모레노의 말이 진실이라면 자신들이 불리해질 상황에 처한다는 사실을 예감했기 때문이다. 누군가의 기만을 발견한 단계에서 모레노는 최악의 단계인 '자기 의심'에 시달린다. 사기꾼은 비호감을 풍기는 인간이어야 하는데 렐로티우스는 너무 완벽하고 호감을 주는 사기꾼이었기 때문이다. (사람들은 위대한 사상가나 예술가는 마땅히 호감 가는 사람이어야 한다고 여긴다.)

간단히 정리하면, 어마어마한 기만을 저지르고도 〈슈피겔〉은 모레노에게 일종의 보복을 가한다. 나중에 해당 사건을 심층

보도하는 기사를 기획하면서, 프리랜서 기자인 모레노와의 협업을 거부한 것이다. 그리고 이 사건이 역설적이고 아이러니한 정점은 렐로티우스가 자기 변호사에게 모레노를 위조범이라 칭했다는 것이다. 렐로티우스에게는 이보다 더 나쁠 것도 없을지 모른다. 렐로티우스에 따르면 그는 위대한 위조자가 되고, 모레노는 소소한 위조자로 남을 테니까. 위대한 위조자는 위대해질 수도 있다. 대작을 위조하며 화가로서 명성을 얻은 볼프강 벨트라키의 작품은 오늘날 미술 시장에서 엄청나게 높은 가격에 팔리고 있지 않은가.

구성원을 옭아매는 시스템을 깨뜨릴 수 있는가?

기업들은 '탐욕스러운 기관'이다. 이는 오늘날 우리의 기억에서 거의 사라진, 미국의 사회학자 루이스 코저의 논제 가운데 하나다. 기업들은 모든 걸 원한다. 기업이라는 조직은 소속 직원들에게 전념과 복종을 요구한다. 이런 요구는 의존적 관계의 형성을 통해 생겨난다. 의존 관계는 기업 안에 존재하는 공식적인 결속(보고 라인 및 지시와 이행)과 비공식적인 결속으로 형성된다. 이를테면 고유의 네트워크 안에서 상호 간 확신을 주고받거나, 순수한 사훈을 보유하고 지키거나, 바깥에 있는 다른 이들에게 공격적으로 경계를 그으면서 직원들은 비공식적으로 결속한다. 여기서 충성은 '약한 유대의 강점'에 기대를 건다. 약한 유대는 계약이나 도덕적 규범 같은 강한 유대보다, 훨씬 더 끈끈하고 잘 떨어지지 않을지 모른다.

이런 식으로 촘촘한 통제 및 의존 시스템이 생성된다. 코저는 이처럼 탐욕스러운 기관의 특징이 두드러지는 예로 예수회, 레닌주의자, 여주인과 하인을 꼽는다. 조직은 구성원들의 양심에 접근해 전체주의적인 권력을 잡으려 한다. 여기서 중요한 점은 집단의 일원들이 자원해서 조직의 요구에 순응한다는 것이다. 왜냐하면 이들은 여러 다양한 이유로 설득되었기 때문이다. 이는 조직을 비롯해, 대개 카리스마적인 특징을 지니는 조직의 지도자에게 마음껏 이용된다. 군대든 종교 교파든 마피아든, 전통적인 가족이든 상관없이. 코저의 '탐욕스러운 기관' 이론에서는 이들 사이에 큰 차이가 없다. '내집단 편애'는 거의 자연의 법칙처럼 작동한다. 탐욕은 좀처럼 저항에 부딪히지 않는다.

그럼 조직 안의 누군가가 끝까지 버티도록 만드는 것은 무엇일까? 이 지점에서 나는 고전 명작을 하나 추천할까 한다. 1954년 대배우 말론 브란도가 주인공을 맡은 엘리아 카잔 감독의 영화 〈워터프론트(On the Waterfront)〉를 살펴보자. 미국의 항구 도시 호보켄의 부둣가는 '조니 프렌들리'라는 무자비한 노조위원장이 이끄는 부패한 항만 노동조합이 실권을 장악하고 있다. 항만 노동자들은 일을 얻으려면 노조에 가입해야만 한다. 노동조합원만 고용하는 전형적인 '클로즈드 숍(Closed Shop)'이다. 이 체제에 반항하는 노동자는 아무런 일자리를 얻지 못하며, 최악의 경우 죽음을 맞이할 수도 있음을 염두에 두어야 한다. 노동조합은 일자리를 독점하며, 좋은 일 또는 나쁜 일을 자기 재량으로 부여한다. 이에 대한 대가로 노조는 노동자들에게 충성과 돈을 기대한다. 일종의 '마피아 시스템'이다. 갈취한 돈과 뇌물로 이 시스템은 계속 유지된다.

말론 브란도가 주인공 역을 맡은 항만 노동자인 '테리 말로이'는 조니 일당의 함정에 걸려들어, 노조의 실상을 모두 털어 놓으려던 한 동료를 살해하는 공범이 되고 만다. 이후 말로이는 잔혹한 시스템을 무너트리기 위해 맞서 싸우는데, 이 과정에서 그를 도와주는 것은 종교와 사랑이다. 그는 살해당한 친구의 누이와 함께하며, 그리스도교 도덕을 추구하는 신부의 지원을 받는다. 영화에서 말로이는 (앞서 우리가 내부 고발자 연구를 통해 알게 된) 모든 단계의 고립을 거치고 결국 이겨낸다. 그는 이렇게 말한다. "내 친구들조차 나와 절대 말을 섞지 않는다." 그럼에도 불구하고 여자 친구와 성직자는 그의 협력자로서 소임을 다한다. 여기서 두 사람은 (우리가 이전 장에서 자세히 다룬) '사회적 대부'와 유사한 모습을 띤다.

말로이는 왜 끝까지 버티는 걸까? 마지막에 가서 은유적으로 드러난 '모든 가치의 전환'이 그에게 중요한 화두가 된다. "당신이 서 있는 곳에서 나는 배신자지만, 나는 지금 다른 쪽에 서 있어." 말로이는 범죄로 얼룩진 노조위원장에게 말한다. "나는 내가 한 일이 자랑스러워." 타인의 평가(배신자)를 떨쳐버린 주인공은 이야기의 결말에서 호되게 두들겨 맞고 바닥에 널브러진다. 그러나 구성원을 단단히 옭아매던 노조의 마력은 깨진다. "비록 한 라운드에서는 졌지만, 점수에서는 내가 이긴 거야." 확실히 비장하게 들리긴 한다. 하지만 이 이야기는 할리우드 영화가 아니던가.

<u>요약</u>

탐욕스러운 기관은 결코 가볍게 여길 문제가 아니다. 충성에서 벗어나 해방으로 가는 길은 패배와 자기 의심, 고립과 우울로 포장되어 있다. 심지어 마지막에는 가난이 깔려 있다. 민족학자이자 정신분석학자인 마리오 에르트하임이 공동체적 존재의 파멸이라 묘사한 '사회적 죽음'이 뒤따른다. 당사자들은 결국 극단적으로 불안정한 상황에 처하며, 세상 속에서 방향을 잃고 고향을 상실하게 된다.

그럼 다음 단계는 무엇일까? 정치에도 배신자가 있다. 누구도 배신자가 되고 싶지 않다. 이를 피하기 위해 사람들은 자신의 정치적 신념이 범죄적이라는 사실이 드러나더라도 그것을 고수한다. 그리고 이들은 신의를 지킨다. 설령 자신이 사악한 정권의 피해자가 되더라도 말이다.

이런 식으로 우리는 천천히, 우리의 주제를 이루는 비합리적 토대에 차츰 접근할 것이다. 즉 '무조건적인 충성'의 경험에 대해 말이다. 도대체 인간이 얼마나 미쳐야 무조건 충성할 준비가 되어 있는 걸까?

4 장

정 당

당연히 의심스러운 사람

1894년 프랑스 육군 대위 알프레드 드레퓌스는 군사 정보가 담긴 비밀문서를 독일 대사관에 넘겼다는 혐의로 기소되어 종신형을 선고받았다. 그는 누가 보아도 명백히 무죄였으나, 유대인이자 프랑스와 독일의 분쟁 재역인 알자스 출신이라는 사실은 그를 "당연히 의심스러운 사람"으로 만들었다. 발트 국가 출신 유대인인 미국의 철학자 주디스 슈클라가, 자신의 평론《의무, 충성, 추방(Verpflichtung, Loyalität, Exil)》에서 논하듯이 말이다.

드레퓌스의 무죄가 완전히 입증되고 나서도 법원은 그의 명예를 회복시키길 꺼려 했다. 군 당국에게 개인은 군대의 명예보다 덜 중요했다. 드레퓌스 대위가 무죄라는 증거를 제시한 사람은 모두 무자비하게 공격을 당했다. 슈클라가 말하듯 '오스트라시즘(Ostracism)', 즉 도편 추방제나 다름없었다. 국가 이성이 부당함을 견지하길 요구했기 때문이다. 기소 이후 12년 만인 1906년에 비로소, 프랑스 최고재판소는 기존의 판결을 철회하고 드레퓌스에게 무죄 판결을 내리며 그를 사면시켰다.

나는 고발한다

프랑스 작가 에밀 졸라는 1898년 1월 13일자 일간지 〈르로르 (L'Aurore)〉에 대통령 앞으로 보내는 공개서한을 실었다. "나는 고발한다(J'accuse)." 대통령과 일반 대중에게 드레퓌스 사건의 배경과 진상을 알리려 했던 편지의 제목이다. 그의 편지는 정치적·사회적 파란을 일으켰다.

졸라의 정보원 마리-조르주 피카르는 드레퓌스가 유죄를 받은 참모 본부에서 간첩 활동을 막는 업무를 담당한 전 정보 부장이었다. 드레퓌스가 독일에 기밀을 누설한 혐의로 체포된 지 몇 년 뒤, 새 정보 부장으로 부임한 피카르는 반유대주의에 사로잡혀 기만과 부패로 얼룩진 군 시스템의 실체를 알게 된다. 그러면서 피카르는 기밀문서를 건네려 한 진짜 간첩이 따로 있음을 발견하고 상관에 보고하지만, 참모 본부는 프랑스 군의 명예를 위해 사건을 숨기기로 한다. 그리고 사건의 전말을 아는 피카르는 해임된 뒤 북아프리카로 좌천된다. 그는 군의 모든 명령에 반하며, 드레퓌스를 위해 증인으로 나서서 진실을 말한다.

피카르는 내부 고발의 영웅이다. 그런 개념 자체가 없던 시절이었지만 말이다. 졸라의 서한이 공개된 이후 피카르는 중상모략으로 기소되고 유죄를 받았다. 이어서 그는 체포되어 파리의 국군 교도소 셰르슈 미디에 수감되고 거기서 열한 달을 보냈다. 끊임없이 법치주의를 따른 피카르는 끝내 군에서 면직되었다.

2019년 로만 폴란스키 감독은 영화 〈나는 고발한다〉를 통해 '내부 고발자' 피카르에게 기념비를 세워 주었다. 곧이어 비평가들은 이를 두 번째 층위, 즉 폴란스키의 인생을 바탕으로 해석했다. 폴란스키는 1977년 미성년자 소녀를 성폭행한 혐의로 기소되었다. 미 사법 당국은 그에게 구속 영장을 발부했으나, 그때부터 그는 불구속 상태에서 미국을 벗어나 범죄자 인도에 소극적인 폴란드와 프랑스에 주로 체류하며 도피를 다녔다. 그러다 미국과 범죄인 인도 협정을 맺은 스위스에 머물다가 체포되었는데, 이듬해 스위스 당국이 미국의 송환 요청을 거부하면서 그는 프랑스로 돌아갔다. "모두와 맞서는 하나"는 단지 피카르뿐 아니라 폴란스키에게도 들어맞는 전형이다.

자신을 몰아낸 나라에 충성하는 이유

그러나 다음에 이어지는 예는 위험을 무릅쓴 불충이 아닌, 무조건적인 충성의 귀결을 보여 준다. 다시 알프레드 드레퓌스의 이야기다. 무죄 판결을 받고 복권되어 잠시 군에 머물다 전역을 한 드레퓌스는 1914년 제1차 세계 대전이 발발하자, 즉각 군으로 돌아와 다수의 전투에서 활약하며 공을 세웠다. "그는 절대로 그만두지 않았다. 광적인 애국주의자, 충성스러운 프랑스 시민과는 분명 무언가 다르다." 주디스 슈클라는 이렇게 적는다. "자신이 부패한 사회에 살았다는 것, 그리고 범죄적인 장교단에 복무했다는 사실은 그의 머릿속에 전혀 떠오르지 않는 듯 보인다." 슈클라에게 드레퓌스는 조건 없는 충성을 보여 주는 예로, 그를 배신하고 몰아낸 나라에게 아무런 빚이 없음에도 그는 나라에 대한 충성을 반드시 지켜야만 하는 의무로 여겼다.

드레퓌스는 미친 걸까? 그리 간단한 문제는 아닐 것이다. 그렇다면 자신을 이토록 부당하게 다룬 정권을 향해 충성을 다하도록 만든 것은 대체 무엇일까? 이전에 자신을 매몰차게 내쫓은 나라를 향한 애국심은 어디에서 비롯되는 걸까? 드레퓌스는 사면 뒤에 일종의 '과잉 동일시'를 몸소 증명해 보이려 한 걸까? 전에 사람들이 그를 반역자로 의심하게 만든 무언가가 절대 사실일 리 없다는 것을 실증하기 위해? 그는 알자스 출신의 유대인도 누구보다 선한 프랑스인이 될 수 있음을 보여 주려 한 걸까? 주디스 슈클라는 드레퓌스가, 자신을 억누른 압제자와 동일시된 피해자에 불과하다고 생각하지 않는다. "그는 스스로를 그들 중 하나로 보았다."

이는 충성의 더욱 깊은 의미를 다시금 짚어 보게 한다. 소속을 추구하는 인간은 깊은 상처를 뒤로 미룰 준비가 되어 있으며, 거기에 속한 이들에게 받은 상처의 책임을 절대 물으려 하지 않는다는 것이다. 드레퓌스는 군에서 벌어진 위반을 무시하고, 한 나라가 그에게 가한 부당함을 무시하며, 지극히 불충한 행동을 취했던 이들을 향해 충성스러운 태도를 고수한다.

지금까지 가족에서의 충성(2장)과 회사에서의 충성(3장)을 분석해 보았으니, 이번 장에서는 정당과 국가에 대한 충성을 들여다보려 한다. 그러면서 이런 거대 조직들이 제공하는 이념적 유혹 또한 결코 지나칠 수는 없다. 이를 이해하려면 역사학자 에릭 홉스봄이 '극단의 시대'라 부른 20세기 지식인들의 경험이 담긴 보고를 참고하면 된다. 과거 우리는 생의 이른 시기에 접한 신념을 누가 봐도 비이성적으로 추구하며 충성한 경험이 있다. 역사적 사례들은 오래전부터 자세히 연구되어 왔다. 따라서 이들 뒤에 놓인 충성 의무의 논리는 이미 다 드러나 있다. 한편 더 이상 충성의 의무가 없음에도 여전히 충성이 굳건히 자리하고 있는 경우를 살펴보는 것은 중요하다. 그러다 보면 결국 충성의 비이성적인 모습이 드러나게 될 것이다.

충성의 비이성적인 모습

나치 정권의 탄압을 피해 노르웨이로 망명했던 빌리 브란트는 1945년 다시 독일로 돌아와 국적을 회복했다. 그러면서 그는 국가가 저지른 모든 범죄에도 불구하고, 진정한 독일에 대한 믿음을 절대 잃어버린 적이 없다고 처음부터 강조했다. 브란트는 현실에 존재하는 독일, 범죄가 난무하는 무자비한 정권, 그를 몰아내고 죽이려고 한 독일과 '이상적인' 독일, 그가 굴하지 않고 기꺼이 충성을 다할 마음이 있는 독일을 구별했다.

이는 국가에 대한 높은 '이상화' 경향을 보여 준다. 이상화는 우리가 소속되었다 느끼며 앞으로도 계속 속하고 싶은 국가나 신념이 현실에서 실패할 때, 현실과 이상의 모순을 극복하도록 다리를 놓는다. '이상적인 독일'은 더 나은 독일이다. 현실의 독일은 문학 비평가 마르셀 라이히-라니츠키가 강조했듯 브란트를 폴란드에서 없애 버리려 했다. 이상적인 독일은 그에게 '독일 문학'이었다. 그는 독일 문학과 언제나 연결되어 있다는 느낌을 받았고, 이로 인해 그는 계속해서 '독일인'일 수 있었다.

동조자, 가담자, 기회주의자, 간교한 나치 당원으로 충성스레 독일에 머물렀던 이들은 망명자의 소속을 거부하며 그를 불신의 대상으로 삼았다. "브란트 의원에게 우리가 건네야 하는 질문이 하나 있습니다." 브란트를 저격했던 사람들 중 한 명인 프란츠 요제프 슈트라우스의 유명한 비방은 이런 문장으로 시작했다. "12년 동안 저 바깥에서 무엇을 하셨습니까? 그동안 이 안에서 우리가 무엇을 했는지, 우리는 알고 있습니다." (서독 초대 경제장관) 루트비히 에르하르트는 조국을 빠져나간 경쟁자가 "아직 독일 국민이 아니었을 때" 자신은 이미 새 화폐 도이치 마르크(Deutsche Mark, DM) 도입 작업을 주도했다고 과시했다. 이를테면 '우리는 정말 충성스러운 사람이다. 나라를 떠난 망명자는 언젠가 충성을 그칠 것이다!'라는 것이다. 자신들 말대로 이들이 조국을 배신한 반역자에 속하지 않는다면, 그럼 이들은 그동안 슬쩍 자취를 감추거나 가벼운 역을 맡으며 발을 담근 자국민에 해당된다는 소리가 된다.

이런 식의 국가에 대한 충성은 어디까지 이를까? 확실히 전쟁 이후에도, 충성과 애국주의는 불충을 고수한 이야기보다 훨씬 더 자랑처럼 여겨진다. "우리에게 일어난 모든 일들을 박사님이 아셨다면…" 히틀러의 유대인 근절을 피해 달아나 전쟁 기간 동안 런던에서 살다가 1946년 오스트리아로 다시 돌아온 저널리스트 힐데 슈필에게, 빈의 카페 헤렌호프의 총지배인 나텍은 통명스럽게 말한다. 굴욕과 멸시, 체포와 구금, 죽음의 위험, 폐쇄된 국경을 넘는 불법 이민, 외국인으로서 타지에서 보낸 기나긴 망명 생활 등, 그녀가 겪은 이 모든 일에 '지배인의 왕' 나텍은 일말의 주의를 기울이길 거부한다. "박사님은 떠나시길 잘한 거예요. 공습만 해도 세 차례가 일어나 온 도시를 불태웠으니까요." 나텍은 귀환한 사람에게 푸념을 늘어놓는다. "스스로에 대한 연민에 사로잡혀서." 힐데 슈필은 같은 해 1948년 다시 런던으로 돌아갔고, 1963년부터는 그사이 그녀에게 완전히 낯선 도시가 되어 버린 고향 빈에서 살게 된다.

장소 변경. 모스크바, 1936년. 독일인 공산주의자 샤를로테 포빌라이트가 국가사회주의자들의 박해를 피해 나라를 벗어난다. 늦은 여름 그녀는 자신의 남편, 그리고 젊은 영국인 질과 함께 몇 주에 이르는 여정을 떠나 새로운 고향인 소비에트 연방(구소련)을 두루 돌아다닌다. 태양의 열기는 강렬하며, 스탈린의 해변은 좁고 돌투성이다. 이내 여행자들은 몸으로 느껴질 정도의 극심한 긴장감에 압도된다.

처음 서로에게 다가가 마음을 열었을 때보다 이들은 더욱 긴밀히 연결된다. 이들은 전 세계 공산주의자들의 조직체인 코민테른에서 첩보 활동을 하는 요원이다. '민족의 적들'이 막 모스크바 재판에서 처벌을 받으며 분위기는 점점 무거워진다. 그중에는 샤를로테의 지인도 있다. 그러면서 샤를로테와 그녀의 남편도 반혁명 세력이라는 의심을 받는다. 두 사람은 정직 처분을 받고 모스크바의 고급 호텔 메트로폴에 구금되어 그곳에서 2년 넘게 매일 밤마다 이송되기만을 기다린다. 그러다 그들은 여론 조작용 재판에서 사형 선고를 받는다.

샤를로테의 이야기는 2019년 오이겐 루게가 쓴 소설 《메트로폴(Metropol)》의 대략적인 줄거리로, 허구가 아닌 루게 할머니의 간부 기록에 바탕을 둔 이야기다. 모스크바 기록 보관소에서 손자인 그가 이를 발견하여 소설로 엮은 것이다. 루게의 조부모는 1936년에서 1939년까지 절정에 달한 '스탈린의 대숙청'을 겪었다. 추정에 의하면 당시 하루 평균 1,000여 명이 처형되었고 모두 합해 수백만이 숙청되었다. 반혁명 세력을 제거하려는 명분으로 단행된 대숙청은 엄연한 폭압 정치였다. 수많은 이들이 고문을 당해 반란과 파업을 도모했다는 강요된 자백을 하고, 자기 신념의 순수함에 의심의 여지가 전혀 없던, 내적으로 확고한 공산주의자 및 스탈린 신봉자들은 터무니없는 일로 갑자기 배신자의 위치에 서게 되었다.

끔찍한 부당함을 겪은 스탈린주의 희생자의 대부분은 공산주의 이상에서 전향하지 않았다. 오이겐 루게는 이를 자신의 가족사에서 가장 흥미로운 지점으로 꼽는다. "샤를로테는 스스로에게 책임을 물으며, 자신이 재교육 수용소로 보내지는 데 동의한다. 그러면서 그녀는 마침내 진정한 동지가 된다." 샤를로테 또한 이미 전부터 자기 신념에 대해 150퍼센트의 확신을 가지고 있었다.

이상을 고수하는 것

이 같은 박해자와의 동일시를 세뇌로 인한 신념의 왜곡으로 이해한다면 너무 단순한 해석일지 모른다. 알프레드 드레퓌스의 경우와 비슷하게, 뼛속까지 확고한 공산주의자들에게 이상을 고수하는 것은 다른 무엇보다 더 중요하다. 자존심이나 자기 고집, 분노나 공격처럼 이상과 철저히 멀어지게 하고 충성과 단절되게 하는 모든 것들보다. 고유의 이상을 배반하는 것은 스스로를 포기하고 자신을 배신한다는 뜻이다. 이는 스탈린과 고문자들의 계략과 맞아떨어졌다.

영화 〈그리고 미래를 향해 나아가자(Und der Zukunft zuge wandt)〉는 구소련 노동 수용소 굴라크에서 수년 동안 수감되었다가, 1952년 초기 동독(Deutsche Demokratische Republik, DDR)으로 돌아온 한 여성의 이야기를 생생하게 전한다. 역시나 확고한 공산주의자였던 그녀의 남편은 굴라크에서 자기 동지들에게 살해당하고, 그녀는 홀로 DDR에서 새 인생을 꾸린다. 새로운 삶에 대한 보답으로 사람들은 그녀에게, 사회주의 건설이 위험에 빠지면 안 된다는 이유로 과거에 대해 침묵하기를 요구한다. 굴라크에서 한 친구가 신념을 버리고 체제 이탈자가 되려 하자, 그녀는 그 모든 일을 견뎌 내고 나서 왜 자기 부정을 하려 하느냐고 묻는다. 그러자 친구는 답한다. "바로 그것 때문에."

1930년대만 해도 지식인들에게 '운동(Bewegung)'은 (오른쪽이든 왼쪽이든) 공동체를 구할 수 있다는 희망이었다. 《사로잡힌 마음(Verführtes Denken)》에서 폴란드의 시인이자 노벨문학상 수상자인 체스와프 미워시는 제목처럼 '지식인들이 매혹되었다' 말한다. 그러면서 그는 이런 매혹이 그토록 잘 작동하는 이유를 알게 되었다고 한다. "자유로이 부유하는 지식인들은 대중에 속하고 싶은 갈망이 있다"는 것이다. 거기에 속한 이들의 다수는 고문자들에게 끌려가 당하는 일이 없었다.

영국의 정치학자 아치 브라운은 《공산주의의 흥망성쇠(Aufstieg und Fall des Kommunismus)》에서 지식인들 사이에 확산된 공산주의에 대한 신념을 종교적인 행위로 설명한다. 다른 많은 프랑스 문인들처럼, 얼마 동안 공산주의에 매료되었던 앙드레 지드 또한 자신의 일기에서 다음과 같이 묘사했다. "나의 전향은 종교적인 것이었다. 소련은 나에게 비참한 불행에서 건져 줄 구원의 길처럼 보였다. 현재 처해 있는 세계에서. 그리고 공산주의의 승리가 만약 내 인생에 달려 있다면, 기꺼이 또 당장 나를 희생할 수 있었다."

이는 공산주의 순교자들의 이상이다. 이들은 공산주의를 위해 언제든 죽을 준비가 되어 있어야 했다. 순교자들은 자신의 이상을 지키려 했다. 그러면서 이들은 스탈린에 의해 이리저리 휘어지고 뒤틀린, 누가 보아도 확실히 범죄적인 그의 정치에 동참했다. 더욱더 놀라운 점은 지식인들이 그저 묵인하는 데서 그치지 않고, 적극적으로 장려했다는 것이다. 세간에 널리 퍼진 생각에 따르면, 지식인들은 비판적 이성을 갖춘 개인주의자들이다. 이런 생각은 그들에 대한 신화다. 하지만 실제로 그들은 집단에 소속되기를 갈망하며, 이를 위해 많은 것을 희생할 준비가 되어 있다.

스탈린의 숙청을 음울하고도 인상적으로 묘사한 고전 소설 중 하나로, 아서 쾨슬러가 1940년에 발표한 《한낮의 어둠(Sonnenfinsternis)》이 있다. 소설에서 쾨슬러는 고참 볼셰비키로 수십 년 동안 혁명을 위해 헌신하다 대숙청으로 감옥에 수감되고 총살되는 (실제로 스탈린에게 숙청된 니콜라이 부하린을 모델로 한) 주인공 루바쇼프의 초상을 그린다. 루바쇼프는 자신에게 씌워진 날조된 혐의에 거짓 증언을 하는 것이 당을 위한 "최후의 봉사"라고 확신한다. 즉 자신이 반동분자라 자백하며 인민의 "동정과 연민"을 피하려 한다. 그런 감정을 일으키는 것은 당과 공산주의의 목적에 위험하다 여기면서. 희생자는 살인자를 걱정하지는 않으나, 그 살인자가 매달리고 있는 이상의 순수함이 더럽혀질까 걱정한다.

무슨 일을 하든 당은 언제나 도덕적이며 정치적으로 오류가 없다. 하느님의 은총을 받은 교황의 결정은 오류가 없다는 로마 가톨릭교회의 교리에서 나온 '무류성(無謬性)'처럼 말이다. 당은 도덕적으로 정당하다, 왜냐하면 당의 목표는 올바르므로. 당은 정치적으로 정당하다, 왜냐하면 당은 프롤레타리아트의 선봉이므로. 역사적으로 이는 객관적인 승리의 원칙이기에, 흔들려서는 안 된다.

오류 없는 조직은 없다

모든 지식인들이 이상을 얻기 위해 자기 신념을 맹목적으로 고수할 준비가 되어 있는 것은 아니었다. 앙드레 지드는 유명 작가들에게 호화로운 대접을 받으며 구소련을 두루 여행하고 나서 소비에트 공산주의를 등진다. 그리고 1931년부터 공산당의 열성 당원이었던 아서 쾨슬러는 스탈린의 대숙청으로 처남과 절친한 친구 둘이 투옥되었다는 소식을 전해 듣고 1938년 당에 등을 돌리기로 마음먹는다. 1950년에 출간된 '실패한 신(Ein Gott, der keiner war)'이라는 제목의 작품집에는 쾨슬러가 파리의 독일 작가 보호 협회 앞에서 스페인과 스페인 내전에 대해 언급한 강연 내용이 담겨 있는데, 여기에서 우리는 그가 당과 분리된 계기를 엿볼 수 있다.

물론 쾨슬러의 강연에는 공산당과 소비에트 러시아에 대한 직접적인 비판이 들어 있지 않았다. 하지만 신중하게 작성된 세 문장 속에, 평범한 시민들에게 전하는 상투적인 문구이자 공산주의자들에게 던지는 전쟁 선포와 같은 비판이 담겨 있었다. 첫 문장은 다음과 같았다. "인간이든, 운동이든, 정당이든 오류가 전혀 없는 '무류성'이란 존재하지 않는다." 두 번째 문장은 이랬다. "적에 대한 관용은 친구에 대한 무관용과 마찬가지로 자멸적이다. 모두 같은 목표를 향해 빗나간 길을 따른다." 그리고 세 번째 문장은 소설가 토마스 만을 인용했다. "유

익한 거짓말보다 해로운 진실이 더 낫다." 여기에 쾨슬러는 해
석을 덧붙인다. "내가 강연을 마치자 공산주의자가 아닌 청중
의 절반은 박수를 쳤고, 반면 공산주의자들은 팔짱을 끼고 의
미심장한 침묵으로 일관했다."

충성이라는 함정

오이겐 루게의 《메트로폴》 속 두 주인공 샤를로테와 빌헬름
포빌라이트는 그들의 신념을 절대 버리지 않는다. 스탈린과
그의 앞잡이들에게 수년이 넘는 시간 동안 불확실한 상태로
붙잡혀 있던, 자신의 친구들과 동료들이 하룻밤 사이에 사라
져 버리는 걸 목격해야 했던, 그리고 매일 밤마다 누군가 자신
을 데리러 오기를 기다려야 했던, 이들은 일생 동안 부동의 정
통 공산주의자로 남았다. 두 사람은 "좋은" 공산주의적 이상과
"나쁜" 스탈린주의적 부당 행위 사이에 일말의 구별을 두지도
않았다. 그러는 대신 지나칠 정도로 높은 동일시와 막대한 충
성으로, DDR에 사회주의를 건설하는 데 동참한다. 신념을 절
대 저버리지 않으면서.

스탈린에 대해 그 어떤 나쁜 말도 입에 담지 않는다. 더 지독하게, 그들은 아무 말도 하지 않는다. 손자이자 작가인 루게가 전하듯, 모스크바에서 머문 시간 동안 두 사람은 절대 한마디도 하지 않는다. 나중에 가서 루게는 소비에트 시간을 모르면 누구도 해독할 수 없는 아주 은밀한 암시와 흔적 정도만 겨우 발견한다. 이상하게도 포빌라이트 부부는 그해 마지막 날, 밤 10시에 새해를 축하하며 건배를 했다. 이를 해석하려면 베를린의 밤 10시가 모스크바의 자정이라는 사실을 알아야 했다.

샤를로테와 빌헬름 포빌라이트가 경험한 것은 "충성이라는 함정"이다. 수많은 공산주의자들과 반파시스트들이 제2차 세계대전 종전 이후 빠져 버린 바로 그 덫. 동독의 엘리트들은 귀족 사회주의자들로 숭배를 받으며 특권에 사로잡혀 있었다. 이는 초기 동독이 열성 반파시스트들에게 매혹적이었던 이유를 설명한다. 반파시스트들은 나치에 대항해 싸웠으며, 끝내 투쟁의 열매를 수확하길 원했다. 반파시스트로서 그들은 전쟁에서는 영웅으로 남았으나, 동독에서는 반체제자로서 배신자가 되었을 것이다. 그러면서 그들은 그동안 잘못 생각했다 시인하며 지금 살고 있는 세상이, 자신이 얻기 위해 분투했던 세상이 아니라는 사실을 인정해야 했을 것이다. 그리고 나중에

지하에서 명예가 실추되는 치욕의 시간을 보냈을지 모른다. 그렇게 덫이 닫혔다.

초기 동독의 귀족 사회주의자들은 파리 또는 런던에서 저항 운동을 하며 수년을 보낸 이들이었다. 그곳에서 서구적인 도시의 삶을 살았던 그들은 동독의 암담한 일상을 위해 그 삶을 포기할 준비가 되어 있었다. "그들의 충성은 소비에트 점령 권력과 공산주의 정당을 향한 것이었다." 역사학자 아네테 레오는 이렇게 적었다. "그러나 그들은 파리의 카페, 마르세유의 피자, 피카소의 그림, 부기우기 리듬, 멕시코의 태양, 그리고 BBC 라디오 방송에 대한 기억을 떠올렸을 것이다."

그들은 왜 그랬을까? 아무런 강요도 압박도 없었다. 1961년까지 동독에서 서독으로 옮기는 것은 그리 위험하지 않았다. 그들은 갈 수 있었다. 알고 있으면서도 그들은 동독에 머물렀다. 그들은 동지들에게 좌경화 또는 우경화된 이탈자로 의심을 받았을지 모른다. 그럼에도 그들은 지속적인 불안 속에서 살았다. 좋은 공산주의자라 인정받지 못할까 두려워하며. 그 외에 다른 무엇도 추구하지 않았음에도.

충성에 눈먼 사람들

우리는 이를 어떻게 이해해야 할까? 공산주의자들이 빠진 충성의 덫에 대해 연구한 아네테 레오는 이를 비교적 가볍게 취급한다. "그럼에도 불구하고 그들이 왜 동독에서 규율이 엄격한 군으로 들어가 기꺼이 감시자들의 통제하에 있었는지, 하는 질문은 오늘날의 시선에선 너무도 당연하다. 그들의 답은 동독 건국의 아버지 그리고 어머니에 대한 무조건적인 충성과 굳건한 믿음을 더 이상 가질 길이 없는, 후에 태어난 세대들을 특히 괴롭게 한다." 누누이 우리는 종교적인 개념들과 맞닥뜨리게 된다. 이데올로기적 예속은 일종의 신에 대한 믿음이다. 그저 '실패한 신'으로 판명된 신을 향한 경건한 신뢰.

저항 속에서 신념을 수호한 경험이 있는 비장한 동지애가, 공산주의의 이상과 이념에 대한 믿음을 단단히 받쳐 주고 또 강화시켰다는 사실은 의심의 여지가 없을 것이다. 작가이자 후에 동독 예술 대학의 총장이 되는 빌리 브레델의 60번째 생일을 축하하는 글에서, 동독의 당 간부 에리히 글뤼크아우프는 두 사람이 "진정한 친구"이지만 브레델을 그저 '친구'라 부르고 싶지 않다고 말한다. 친구라는 말은 그에게 너무 부족했다.

그들의 관계는 보통의 우정을 훨씬 넘어서며, 둘은 하나의 '투쟁 공동체'로 '우리의 위업을 위한' 투쟁에서 계급을 향한 충성으로 결집된 당에 결속된 사람들이다. "이를 서로 알고 있으면 우리는 우정 이상의 무언가로 연결된다. 우정의 끈은 때로 더 단단하고 때로는 더 느슨하기 때문이다." 편지를 보낸 이는 당을 "우리가 마지막 숨을 내뱉을 때까지 헌신해야 하는, 우리 공동의 어머니"라 칭한다. 당에 소속되는 것은 가족에 소속되는 것을 훨씬 능가한다.

이런 충성의 표명은 그 무렵 동독에서 자주 발견된다. 이는 일종의 이데올로기적 고양으로, 게오르게 일파(George-Kreis) 같은 다른 친교 관계들을 통해 우리는 이미 익히 알고 있다. 19세기 말 보수 혁명의 일환으로 결성된 문학 단체, 게오르게 일파는 '비밀 독일'을 혁명의 이상으로 표명하며 맹세했다. 그리스도교 교단이나 여타 종교 공동체에서도 이런 충성의 표명은 어렵지 않게 찾아볼 수 있다.

당에 대한 충성이 친구에 대한 충성과 충돌할 경우, 전자가 늘 우위를 점한다는 사실 역시 참으로 인상적이다. 빌리 브레델은 자신의 친구이자 아우프바우 출판사 사장인 발터 얀카가 '반혁명적' 활동 혐의로 재판을 받았을 때 증인석에 앉았다.

얀카가 1957년 7월에 징역 5년형을 선고받자 그는 친구 관계를 끊고 1957년 10월에 열린 사회주의통일당(Sozialistische Einheitspartei Deutschlands, SED) 중앙위원회 33차 회의에서 자신이 얀카에게 속았다고 '자기비판'을 했다.

소설 《제7의 십자가(Das siebte Kreuz)》의 작가 안나 제거스 또한 법정의 첫 번째 줄에 앉아 눈을 내리깔고 아무런 입장도 드러내지 않은 채, 얀카를 향한 온갖 터무니없는 고발을 묵묵히 듣기만 했다.

물론 독재 정치의 억압적 폭력을 과소평가해서는 안 되겠지만, 이런 순응을 오로지 기회주의적 행동이라 해석하는 건 너무 단순할지 모른다. 제거스가 얀카의 공판에 출석한 것은 예상 가능한 위압과 굴욕을 거역하지 않고 기꺼이 받아들이는 '높은 수준의' 결심이었을 것이다. 이 같은 추정이 잘못된 해석이라 보기는 어렵다. 제거스는 이를 자신의 당과 신생 사회주의 국가에게 순전히 다할 의무가 있는 충성으로 이해했을 것이다. 바로 이것을 (당과 국가가) 자신에게 기대한다고 그녀는 생각했을 것이다. 당에 대한 충성은 친구에 대한 배신도 감수한다. 자유 의지로, 고문의 압박 없이. 발터 얀카는 바우첸의 감옥에 수감되었다. 나치에게 체포될 당시 그곳에서 옥살이를 했기 때문에 그는 바우첸을 잘 알았다. 그에게 가해진 부당함에도 DDR 정부를 향한 그의 충성은 전혀 변하지 않았다.

이데올로기는 강하다

솔직히 말하면 충성에 눈먼 사람들이 그토록 많은 희생을 감수할 준비가 되어 있는 이유를 명쾌히 설명하기는 어렵다. 왜 그들은 자신의 절친한 친구들을 배신하면서, 나쁜 사상에는 등을 돌리지 않은 걸까. 그리고 왜 그들은 자신의 이상이 심히 변질되었다는 사실이 명백히 드러나는 데도 이를 배신하지 않은 걸까. 이데올로기는 확실히 강하다. 차차 퇴색하면서도 1989년까지 상당히 오래 살아남은 그 이데올로기도. 많은 시민적 저항 운동을 비롯해 종교적 저항 단체들이 '평화 혁명' 이후, 자본주의로의 체제 전환이 아닌 인간적인 사회주의를 원했다. 그러면 그 신념을 간직할 수 있을 테니까.

독일에서 68운동이 일어날 당시, 소규모 혁명 단체 중 하나로 공산주의의 맥을 이으려 했던 K그룹(K-Gruppe) 안에서 이 신념은 광기의 경계를 넘었다. 전 세계 독일 문화원, 괴테 인스티투트를 이끌었던 작가 슈테판 바크비츠는 마르크스주의 학생동맹(Marxistischer Studentenbund Spartakus, MSB)에 몸담았던 당시를 회상하며 다음과 같이 말한다. 그때 누군가 그에게 적군파의 기세가 절정이라고 말했다면 "각 주점에서 무기를 나누어 주며, 다들 지하로 들어갔을지 모른다. 무슨 일이 벌어졌을지 나도 모르겠다." 자신이 속했던 세대에 대해 바크비츠는 '마법에 홀린 세대'였다고 말한다. 하지만 양심에 마법을 거는 마녀는 없었다. 그 마법은 충성의 작품이다. 악의 없이 순수하게, 그리고 도덕적으로 고결하게 다가오곤 하는 충성.

요약

지금까지 우리가 고찰을 거듭한 덕에 충성의 가치는 모든 무결함을 잃었다. 미덕은 다른 모습을 하고 있다. 충성은 수많은 사람들에게 정치적 불행을 초래했다. 단지 공산주의에서만이 아닌 국가사회주의에서도 마찬가지다. 그리고 가톨릭교회에서도. 정치적인 또는 종교적인 집단의 소속을 잃지 않기 위해, 사람들은 더 나은 지식과 판단에 반하며 잘못된 발언을 한다.

그럼 다음 단계는 무엇일까? 대체 왜 이 충성은 절친한 친구에 대한 배신까지 감수하게 만드는 걸까? 인간을 향하든 이상을 향하든, 도대체 왜 충성은 이토록 끈끈하여 분리하려고 시도하면 고통스러울 뿐 아니라 시도의 상당수는 실패로 돌아가는 걸까? 다음 장에서는 이를 다루려 한다. 다른 건 몰라도 이 정도는 추정해 볼 수 있다. 즉 우리의 이상을 배신하면 우리가 심각한 해를 입을지 모른다는 두려움이 충성과 연결되어 있다고 말이다.

5 장

이탈자

충성은 일방통행이 아니다

이탈하기는 왜 그리 어려울까? 충성이라는 함정에서 벗어나기는 왜 그리 힘든 걸까? 엄청난 노력을 들이고 내적 고통을 견뎌야 우리는 출신 가족이라는 주어진 환경을 가까스로 떠날 수 있다. 온갖 교육 공세에도 불구하고 계급 사회가 여전히 살아 있는 이유 중 하나가 여기에 있다.

우리는 회사와 일터에서 충성스럽게 행동한다. 그곳에서 반칙이나 부정, 명백한 위법 행위가 일어나더라도 우리는 누구에게도 누설하지 않는다. 누설을 시도하더라도 우리는 기겁을 하며 급히 다시 뒤로 물러난다. 끝까지 견뎌 내지 못할까 두렵기 때문이다. 그러면서 끝내 완전히 이해하기 어려운 것이 하나 있다. 우리는 이념을 믿으며, 폭군을 지지한다. 비록 이들이 우리를 극도로 괴롭히더라도. 그 이유는 무엇일까?

지금까지 우리는 놀랍도록 이상한 이 행동 양식에 대한 일련의 해석들을 접했다. 그 가운데 무엇보다 '접착제' 이론은 가장 그럴 듯하며 타당해 보인다. 즉 충성은 접착제다. 서로 잘 달라붙는 것은 나중에 떼어 내기가 어렵다. 분리하려면 제대로 된 용매가 필요하다. 그리고 용매가 있더라도 분리 과정은 아프다.

잘 자리 잡은 붕대를 교체하거나 반창고를 피부에서 떼면 얼마나 고통스러운가. 충성 관계에서 떨어지는 것은 이와 비슷한 고통일 것이다. 분명 아프다. 물론 종종 우리는 충성으로 연결된 집단에서 우리가 멀어질 이유나 근거를 전혀 모르기도 한다. 소속으로 얻는 유익은 분리의 비용과 비교하여 훨씬 커 보이기 때문이다. 우리는 이를 어떻게 이해해야 할까?

정신과 전문의이자 정신분석학자인 한스외르크 베커는 직업적 경험을 토대로 충성이 정신적으로 작용하는 메커니즘을 잘 알고 있다. 그는 우리 인간이 소속을 향한 깊은 욕망을 가지고 있다 확신한다. 베커에 따르면, 이는 인류학적 기본 욕구다. 소속을 위해 우리는 많은 것을 쏟아 부을 준비가 되어 있다. 우리가 집단에 받아들여지면 집단은 그 보답으로 우리에게 충성을 기대한다. 이는 보통 우리가 집단에 들어가기 위해 쏟은 노력에 비해 특별히 힘들거나 어렵지 않다.

집단에 수용되면 안전감과 함께 두려움으로부터 자유를 얻는다. 여기서 우리는 인류의 근원적 유산을 엿볼 수 있다. 맨 처음 인류는 고립된 개인이 아닌 집단, 씨족, 부족으로 시작했다. 1장에서 진화생물학자 겸 민족학자인 니콜라스 크리스타키스의 실험을 참고하며 확실히 했듯이 말이다.

충성은 호혜를 기초로 한다. 따라서 충성은 일방통행이 아니다. 호혜는 다수의 사회 공동체 영역에서 작용한다. 호혜는 선물과 답례처럼, 태고의 원칙이다. 즉 선물을 받으면 감사를 표해야 한다는 오래된 의무감과 결부되어 있다. 받은 선물에 답례로 답하는 것은 당연한 예의다. 집단에 속한 나는 집단이 내게 선사한, 두려움으로부터 해방과 안전에 대해 (무조건?) 충성으로 답할 의무가 있다. 나는 소속된 집단에 충성의 의무가 있다. 그러나 다른 집단에는 그럴 의무가 없다. 반대로, 그곳에는 경계가 그어지며 공격으로까지 이어진다. 친구와 적이라는 구별의 틀을 충실히 따른다.

베커는 "소속을 향한 욕망은 자유를 향한 욕망보다 강하다"고 주장한다. 자신에게 순응을 기대한다는 사고가 머릿속에 있으면, 타인의 생각이 고유의 것보다 더 중요하며 심지어 진실이라 여기게 만들기도 한다. 이는 다시금 1930년대 모스크바의 독일 공산주의자 역사를 떠올리게 한다. 공산주의 가르침과 혁명 실천에 너무도 강하게 결속된 나머지, 그들은 자기 자신보다 공산주의를 더욱 확실히 믿었다. 그리하여 그들은 양심의 거리낌 없이 가장 친한 친구들을 배신했다.

소속감은 집단 자아를 만든다

이는 적응 메커니즘의 문제로 보이기도 한다. 적응은 인간의 문명화와 생존에 필수적인 동시에 위험할 수도 있다. 평생 이 분야를 연구한 스위스의 정신분석가 파울 파린은 베커와 나의 이목을 모두 사로잡는다. 파린은 이른바 민족정신분석의 창시자 중 하나로, 민족정신분석학자들은 아프리카에서 진행한 현장 연구와 지그문트 프로이트의 정신분석을 결합하려 시도한다. 소속감은 집단 자아(Gruppen-Ich)를 만들어 내며 공동의 '씨족 양심'을 형성한다고 파린은 말한다. 이런 식으로 나 자신보다 앞에 있는 하나의 '우리'가 생겨난다. 인간은 이를 특별히 배울 필요가 없다. 자동적으로 또 무의식적으로 일어나기 때문이다.

출신 가족은 이를 가장 명료하게 보여 준다. 태어날 때 우리는 가족에게 가입 신청서를 낼 필요가 없다. 규칙과 신념, 공동의 가치에 대해 물어볼 필요도 없다. 우리는 우리 가족 안에서 태어나며, 가족의 가치와 관습을 자동적으로 넘겨받는다. 이는 공동의 식사에서 시작되며(우리에게 주어진 것), 우리의 마음에 드는 것과 마음에 들지 않는 것이 줄줄이 이어지면서 결코 끝나지 않는다. 가족이 아닌, 친척이나 이웃에 대한 험담(뒷담화)도 여기에 속한다. 적응과 구별은 서로 짝을 이룬다. 가족에 소속된다는 것은 항상 거기 머문다는 뜻이므로, 진입에는 아무런 힘이 필요하지 않으나 퇴출에는 엄청난 힘이 들어간다. 출신 부족에 대한 충성은 지극히 일반적인 일이다. 그러나 출신으로부터 분리되는 것은 '습득'을 해야 한다. 이때 우리는 '용매'가 필요하다.

그럼 무엇이 위험하다는 걸까? "모든 적응은 부분적인 죽음이며, 개성의 일부를 포기하는 과정"이라고 파린은 말한다. 더구나 우리가 충성하기로 맹세한, 권위적이고 카리스마적인 집단 지도자가 종종 씨족 양심과 집단 자아를 직접 정하고 본을 보이기 때문에, 충성은 확실히 위험하다. 여기서 우리는 자신의 아버지를 떠올릴 수도 있다. 아니면 폭스바겐의 전 CEO 마르틴 빈터코른이나 스탈린을 생각할 수도 있다. 이들은 모두 비판에서 벗어난 세력권에 자리한다. 비판을 받기는커녕 오히려 집단의 구성원들이 지도자를 비판한 것에 대해 자기비판을 한다. 디젤 스캔들이 대중에게 널리 알려지고 나서 마르틴 빈터코른이 폭스바겐을 떠나야 했을 때, 직원들 사이에는 정서적 충격이 만연했다. 무리의 지도자가 죽었으니까. 스탈린이 죽었을 때 인민들은 울었다. 그의 잔혹함을 몸소 체험했음에도 불구하고.

자기 자신을 부정할 수 있는가?

우리는 충성이라는 함정의 본질에 조금 더 가까이 접근하게 된다. 결국 충성은 부족의 지도자나 동료 같은, 타인과 관련된 문제가 전혀 아니다. 충성은 신념이나 우두머리로 구현된, 우리 고유의 내면의 이상과 연계된 문제다. 그래서 충성이 이토록 끈끈한 것이다. 내가 집단에서 떨어지면 결국 나 자신을 배신하는 것이므로. 잘못된 신을 숭배했다 시인하는 것이 되기에. 또는 생의 초기 단계에 우러러본 영웅을 '상대화'하게 되므로. 이는 분명 고통스러울 것이다. 그러므로 이런 이상은 훼손되어서는 안 된다. 나에게 소중한 무언가를 포기하는 일이므로. 이는 막대한 비용과도 관련이 있다.

나는 이에 대해 아주 잘 알고 있다. 내가 가톨릭교회를 떠나지 못하도록 막는 것은 프란치스코 교황이 아니다. 나는 이를 극복하고 싶지만 말처럼 쉽지 않다. 내 어린 시절의 믿음, 확고한 신념을 공유한 신자들의 공동체에 소속되며 얻는 안정감, 종소리와 향냄새가 있는 교회라는 공간 등등. 이 모두는 나의 인생에서 매우 소중하다. 나는 이를 배신해서는 안 된다. 그러면 나는 그동안 내가 잘못된 것에 달라붙어 호감을 가졌다고 스스로 시인해야 한다.

저널리스트 겸 작가인 크리스티나 플라이쉬만은 가톨릭 교육을 받으며 성장했다. 지난 수년 동안 교회에 대한 의심이 자라났으며, 신을 향한 의문 또한 커져 갔음에도 신앙 공동체에서 빠져나올 수가 없었다. 무엇이 그녀를 만류한 걸까? 2019년 12월 20일 〈쥐트도이체 차이퉁(Süddeutsche Zeitung)〉의 주말판 매거진에 게재된 글을 통해, 그녀는 그리 성공적이지 않은 분리의 경험을 자세히 보고한다.

보고서에서 그녀는 조르다노 브루노 재단의 대변인이자 철학자인 미하엘 슈미트-살로몬과의 만남을 전한다. 세속적 인본주의를 주창하고 종교에 반대하고자 세워진 이 재단의 대변인인 그는 말하자면 악마의 변호인(Advocatus Diaboli, 아드보카투스 디아볼리)이다. 종교에서 빠져나오려는 노력이 실패하는 이유에 대한 슈미트-살로몬의 해석은 주목할 만하다. "논증으로 누군가를 확고한 신념에서 떨어지게 만들기는 어렵다." 여기서 말하는 신념의 상당수는 우리가 논리적 사고를 훈련하기 전에 얻어진 것이다. 따라서 이런 신념들은 이성적인 반증에 난공불락이다.

오스트리아의 작가 요제프 하슬링거는 자신의 인생사를 담은 책《나의 사건(Mein Fall)》을 통해 열 살 무렵 츠베틀 가톨릭 수도원에서 시토회수도사이자 신부인 고트프리트에게 성폭행을 당한 사실을 전한다. 하슬링거는 1965년에 일어난 자신의 사건을 55년이 지난 뒤 고트프리트 신부가 더 이상 살아 있지 않을 거라 확신하고 난 뒤에야 비로소 기록으로 남겼다. "나는 그의 인생을 망치고 싶지 않았다"고 그는 말한다. 이상한 역전이다. 하슬링거의 청소년기를 망친 사람은 신부 고트프리트가 아니던가.

흠 없이 깨끗한 이상

알프레드 드레퓌스의 이야기는 구조적으로 이와 닮아 있다. 자신에게 가해진 온갖 부당함에도 불구하고 드레퓌스는 충성스러운 프랑스 군인으로 전쟁에서 나라를 위해 치열하게 싸웠다. 요제프 하슬링거는 끔찍한 일을 겪은 후, 아무런 충성의 의무도 느끼지 않았을 수 있었다. 그러나 그는 평소 애정 어린 이해를 받았던, 자기 선생에 대한 충성을 떨쳐 버릴 수가 없었다. 그러다 그의 죽음을 알고 나자 "스위치가 올라"갔다.

이전에 하슬링거는 둥지를 더럽힌 자가 될까 두려웠다. 그는 신부와의 유대가 절대 벗어날 수 없는, 자기 자신과 결부된 것이라 생각했다. 하지만 그는 공산주의 투사들처럼, 잘못된 신을 믿었다는 사실에 직면해야 했다. 아니면 적어도, 속세에 있는 신의 종은 믿기 어려우며 폭력과 범죄를 저지를 수 있다고 인정해야 했다. 또한 하슬링거가 직접 말했듯 자신에게 벌어진 일이 정확히 무엇이고 어떤 의미인지 스스로 물어야 했다. 이는 그가 실제로 경험한 혼란이다. 자신을 괴롭힌 사람에게 평생 충성하는 일은 그의 생존에 다소간 불가피한 것이었으므로.

이처럼 초기의 애착 및 유대 관계는 모든 이성보다 강하다. 여기서 우리는 앙드레 지드의 명언을 떠올리게 된다. 그는 '가족과 그리스도교는 발전을 (개인화와 자율을) 가로막는 두 개의 주요 장애물'이라고 말했다. 가족과 그리스도교에서 비롯된 경험과 신념은 이성의 왕국, 자유의 왕국으로 입장하기 전 초기 아동기 때부터 친숙해진다. 초기 각인으로 우리는 나름의 이상을 가진다. 이성으로는 이상을 비난하거나 공격할 수 없다. 아니면 우리가 이전 장에서 만난 구 공산주의자 아서 쾨슬러의 말처럼 "신념은 객관적인 고찰을 통해 얻어지지 않는다. 한 여성에게 사랑에 빠지거나 교회의 품으로 들어가는 사람은 논리적인 사고 과정을 거쳐 결정하는 것이 아니다".

이상이란 무엇일까? 물론 내용상으로 보면 모든 이상은 무언가 서로 다르다. 하지만 일반적으로 보면 이상은 언제나 무언가 선한 것, 완벽한 것, 순수한 것, 다시 말해 우리가 반드시 고수하길 원하는 것을 다룬다. "나는 작고 어리며, 나의 마음은 순수합니다. 예수님 외에 누구도 내 안에 살 수 없습니다." 이는 내 기억 속에 남아 있는 어린 시절의 기도문 중 하나다. 어머니는 나에게 이렇게 기도하는 법을 가르쳐 주었다. 순수함은 허구이며 우리의 경험 세계와 반대다. 그러나 바로 이런 이유로 우리는 순수함에 커다란 의미를 부여한다.

순수함, 청결함의 반대는 더러움, 불결함이다. 더러워지는 것은 배신이다. 하지만 실제 삶에는 불결함과 더러움이 존재한다. 우리 고유의 몸만 보아도 더러움은 늘 있다. 정신분석에서는 신체 관리를 예로 들어 순수함을 설명한다. 즉 청결한 성향은 항문기의 아이에게 보이는 반응에서 생겨난다는 것이다. 항문기 아이에게 배변 훈련을 엄격하게 시키며 깨끗이 닦아 주면 청결을 중시하는 성향으로 발전한다. 그런 경우 대개몸 관리에 신경을 쓰며 온몸을 바디 로션으로 하얗게 바른다. 그래서 보통 바디 밀크(Body milk)라고도 부른다. 몸을 깨끗이 닦고 관리하는 행위는 고유의 몸에 에너지를 쏟는 리비도(Libido) 점령의 일환일 뿐 아니라, 자기감(Sense of Self)의 버팀목이 되어 사회 적응을 돕는다. 우리는 몸에서 좋은 냄새가 나길 바란다. 우리가 몸을 청결하게 하는 행위는 더럽고 불결한 것이 냄새가 좋고 기분이 좋은 것으로 변하는, 일종의 종교적 화체(化體)에 가깝다.

순수함에 대해 말할 때 우리는 결코 의학적이거나 자연과학적인 객관적 실상만을 다루지 않으며, 언제나 소속이라는 집단적 표상을 떠올린다. 역사학자 발렌틴 그뢰브너는 '누가 순수함에 대해 말하는가?(Wer redet von der Reinheit?)'라는 제목의 에세이에서 이렇게 말한다. 공기 속의 나쁜 냄새가 질병을 전파하고 사람들을 아프게 한다는 '독기설'은 과학 분야에서 꽤나 오랫동안 명맥을 유지했다. 마치 코로나 팬데믹에서 공기 전파를 주의하듯이 독기라는 나쁜 공기로부터 보호해야 한다고 믿었다. 순수함의 소환은 인간의 사회적 세계에 끊임없이 질서를 만들어 낸다.

이상은 단지 정신적인 것에 그치지 않으며, 지극히 육체적이다. 순수함이 허구인 까닭에 우리는 이를 이상으로서 단단히 붙든다. 순수는 가족의 이상이다. 순수는 회사의 이상이다. 순수는 종교적 또는 정치적 교리의 이상이다. 부족과 인종은 순수해야 한다. 2019년에 나온 다큐멘터리 영화 〈신앙의 수호자(Verteidiger des Glaubens)〉는 교황 베네딕토 16세, 은퇴한 신부 요제프 라칭거의 비극을 다루며 다음과 같은 명제를 내세운다. 교황 베네딕토가 자기 교회를 순수하게, 흠 없이 깨끗하게 유지하려 했기 때문에 성추문 스캔들 이후 지금 교회의 명성이 더럽혀진 채로 머물러 있는 것이라고 말이다.

하지만 만일 라칭거가 순수함의 이상을 포기했다면 자신의 인생 전부를 배신하는 것이 된다. 이는 내적 파멸을 의미할지 모른다. 그러기에는 대가가 너무 크다. 따라서 그는 충성해야 한다. 물론 현실 부정이라는 다른 대가를 치러야 하지만 말이다. 그리고 끝내 사임이 뒤따른다.

충성과 신성화는 긴밀히 짝을 이룬다

이상은 집단을 한데 묶는다. 이를 포기하면 두려움을 얻으며, 새로운 유대에 대한 가망 없이 다시 외로움으로 던져진다. 뒤집어서 생각할 수도 있다. 레옹 뷔름저의 말처럼, 우리는 집단의 구성원으로 머무르기 위해, 이상을 형성하고 이상과 삶을 조화시키며 이를 지켜야 한다고 느끼는지 모른다. 질문을 던지고, 이례적인 곳에 역점을 두며, 교란인지 전혀 모르고 교란을 하며, 규범을 어기는 사람은 분리되고 고립되며 나중에는 수치심이 이어진다. 살아남으려면 우리는 방어 메커니즘뿐 아니라 적응 메커니즘도 필요하다. 충성은 결정적인 적응 메커니즘으로서 역할을 다한다. 어쩌면 우리 종의 역사에서 이미 수 세기에 걸쳐 그 기능을 충분히 다했을지 모른다.

그리하여 충성과 신성화는 긴밀히 짝을 이룬다. 둘은 절대적인 의무라는 하나의 특징을 가진다. 이는 부족 역사적으로 멀리까지 거슬러 올라간다. 도덕심리학자 조녀선 하이트는 우리의 인지 과정을 코끼리에 올라탄 기수로 비유한다. 인지 과정에는 감정과 직관이 있으며, 이들은 코끼리에 해당된다. 코끼리는 고유의 지능이 있고 고유의 의지가 있다. 몸집이 큰 그는 스스로 옳다고 여기는 길로 방향을 정한다. 우리의 이성인 기수는 코끼리가 방향을 정한 다음, 오로지 그의 판단을 합리화하는 평을 내놓는다. "말하자면 우리는 그저 우리 안의 깊은, 숨겨진 자아의 대변인이다." 직관이 먼저 판단을 내리며, 뒤이어 전략적이고 합리적인 추론이 따른다.

하이트에 따르면 충성과 신성함/순수함은 오래전부터 우리 종이 갖추고 있는 도덕적 기반에 속한다. 선천적인, 보편적인, 문화적 차이를 넘어서는, 모든 인간이 받아들이는, 물론 다양한 강조점을 가진 기반. 충성과 신성함 외에 하이트는 약자에 대한 배려와 공평함 그리고 호혜("네가 원하지 않는 것을 다른 사람에게 행하지 말라…" 같은 황금률)도 언급한다. 충성은 예전의 우리가 한데 뭉쳐 적에 맞서 싸우기 위해 반드시 필요했던, 집단의 응집에 접착제를 제공한다. 부족 역사적으로 충성은 지극히 유익한 도덕적 의무로, 종의 생존에 매우 효율적이다. 충성으로부터 벗어나기가 그토록 어려운 이유, 배신자가 무자비하게 또 적보다 더욱 가혹하게 공격받는 이유 중 하나가 여기에 있을지 모른다.

한 걸음 더 나아가 이렇게 주장할 수도 있다. 충성은 우리가 도망과 버팀 사이에서 이성적으로 결정하는 걸 방해한다고 말이다. 충성은 현실에 대한 인식을 일그러트려, 극단적으로는 일종의 망상과 맞먹는 현실 부정에 이르게 한다. 충성은 버팀을 위해 끊임없이 반사상(反射像)을 생성하며, 상태 유지를 위한 선택지를 만든다. 리처드 세넷 같은 사회학자들은 '유연한 인간'을 추구하는 현대 사회가 지속적으로 우리를 위협하고, 고향 없이 유랑하도록 방향성 없이 이 사람에서 저 사람으로 이 직업에서 저 직업으로 이 나라에서 저 나라로 옮겨 다니도록 강요한다고 말한다. 그러나 실제로 온전히 유연한 인간은 어디에도 없다. 그 이유는 충성에 있을지 모른다.

항의를 진지하게 받아들여라

이를 제대로 이해하고 싶으면 1970년에 발표된 앨버트 O. 허시먼의 《이탈, 목소리, 충성(Exit, Voice, and Loyalty)》을 읽어보아야 한다. 그의 논제를 대강 정리하면 다음과 같다. 무언가에 불만족스러운 사람은 만약 포기하지 않을 경우, 자신의 불만족을 표출할 수 있는 두 가지 선택지를 가진다. '목소리'를 내거나 '이탈'하거나. '목소리'는 항의, 비판, 반대를 뜻하며 수신자가 비판을 이해하고 또 모든 것이 잘되기를 바라는 희망을 품고 있다.

목소리가 아무런 결실을 맺지 못하면 다른 대안으로 이탈이 남아 있다. '이탈'은 떠나는 것이며, 탈출해 다다른 곳이 전과 완전히 다르기를 바라는 희망을 담고 있다. 독일 태생의 유대인 허시먼은 나치 집권 시절 시의적절하게 미국으로 이주하여, 독특한 시각을 가진 경제학자로서 세계적으로 유명해졌다. 그가 제시한 두 개념은 여러 분야에 적용되었다. 제품에 불만이 있는 고객은 시장에 참가한 다른 경쟁자를 선택하며 이탈할 수 있다. 하지만 그러면서 제품을 개선시키기도 한다. '고객 충성도(Customer Loyalty)'는 모든 기업들의 목표로, 이를 위해 많은 돈을 들이며 온갖 아이디어를 쏟는다. 고객 충성도를 위해서는 질 좋은 서비스와 확실한 브랜드 전략이 반드시 필요하다. 니베아, 아디다스, 템포 등 하나의 브랜드는 고객들을 소속감으로 한데 묶는 끈의 기능을 하기 때문이다. 고객들은 브랜드에 충성한다. 브랜드는 잘 관리되고 보존되어야 하며 순수한 상태를 유지해야 한다. "고객 충성도는 반복적인 구매 그 이상"이라고 기업 경영 서적들은 가르친다.

충성스러운 고객은 단순히 제품을 구매하는 데서 그치지 않는다. 그는 해당 기업을 가족, 친구, 동료들에게 추천한다. 충성스러운 고객은 새로운 고객들을 데려온다. 충성 고객들을 위해 많은 회사들이 고유의 프리미엄 커뮤니티를 제공한다. 고객들의 관계를 일종의 가족처럼 조직하는 것이다. 유료 구독 서비스인 아마존 프라임은 성공 사례 중 하나다. 아마존 프라임은 마치 모든 소망을 채워주는 거대한 온라인 백화점처럼 작동한다. 우리의 모든 소망이 충족되는 아마존에서 충성을 다하지 않을 이유가 있을까? 고객들을 기업에 오래도록 묶어두고 싶다면 그들의 항의를 진지하게 수용하는 게 좋다.

충성은 이탈 비용을 높인다

앨버트 허시먼이 말하는 이탈과 항의를 보여 주는 전형적인 정치적 사례로 동독의 말기를 꼽을 수 있다. 당시 한편에서는 [노이에스 포룸(Neues Forum) 같은] 항의와 시위운동이 있었고, 다른 한편에서는 (프라하와 헝가리로 향하는) 도주와 이탈이 있었다. 항의와 이탈은 독일 사회주의를 무너트렸다. 그러나 다수의 시위가 더 나은 사회주의에 기대를 걸며 현실을 미화하고 자기 이데올로기의 고향, 다시 말해 순수한 사회주의적 이상에 여전한 충성을 표한 반면, 이탈자들은 항복하며 시장과 풍요에 기대를 걸었다. 그리고 끝내 이탈이, 대규모의 불충이 승리를 거두었다.

허시먼의 고전은 충성 이론을 다루는 책의 세 번째 부분에서 진가가 드러난다. 그러나 대부분은 앞의 두 가지 개념에 비해 이를 간과한다. 저자가 7장에서 상당한 분량을 들이며 다루는 충성은 이탈/항의의 대칭적 대안으로 받아들여질 수 있다. 하지만 허시먼은 충성을 이탈을 막는 강력한 장애물로 정의한다. 경제학적으로 말하면 충성은 보호 관세와 같은 장벽이다. 그러면 이탈의 비용은 항의의 비용보다 현저히 높아진다.

충성이 장벽처럼 세워지면 불만족에 대한 반응인 이탈과 항의
는 더 이상 동등한 수준의 대안이 아니게 된다. 논리적으로 보
더라도 마찬가지다. 좌표로 말하자면 충성은 (집단에 대한) 전
적인 거부(좌측)에서 전적인 동의(우측)까지 이르는, X축에서
이탈 발생 지점의 불만족 정도를 오른쪽으로 옮긴다. 충성은
내가 소속감이라는 따뜻한 감정이 없는 상태로 이탈하려 할
때보다, 동의 쪽으로 더욱 기울도록 이끈다. 충성은 이탈을 어
렵게 하며 항의 또는 '내부 이주', 아니면 심지어 기회주의에 특
권을 부여한다. 결정의 압박에 놓인 사람이 충성을 택한다면,
이는 예상되는 이탈 비용이 가족이나 집단의 구성원으로서 지
금까지 들인 (물질적이고 비물질적인) 비용을 합한 것보다 훨
씬 높다는 무의식적인 계산으로 포기한 것일 수 있다.

충성은 이탈의 비용을 높인다. 이는 일종의 보수적인 접착제
역할을 한다. 모든 가족, 기업 또는 기관은 이로부터 이익을
얻는다. 이들 집단은 자기 구성원, 직원, 고객이 머물도록 설
득하는 데 적은 노력만 들여도 된다. 충성은 마치 이탈 대비
보험과 같은 효과를 낸다. 그리고 우리가 앞서 살펴보았듯이,
구성원들은 집단 안에서 나름대로 '자기 재능'을 발휘한다. 즉
그들은 고유의 이상과 연계하여 집단에 충성하므로, 자기 배

신적인 행위를 저지르려 하지 않는다. 이는 공산주의자들이 자신의 이데올로기에 충성한 이유를 설명해 주기도 한다. 모든 부정적인 경험과 가혹한 고통에도 불구하고, 끝내 죽음마저 불사하며 체제를 이상화한 이유를 말이다.

충성을 자극하는 군중의 힘

집단의 가치에 크게 찬성하도록 만드는 충성은 의도적으로 만들어질 수도 있다. 예를 들면 리듬을 갖춘 구호를 통해서! "호, 호, 호 찌 민(Ho, Ho, Ho Chi Min)"은 베트남 전쟁 동안 독일 거리에서 울려 퍼지던 구호 중 하나다. "시민이여 눈을 떠라, 합류하라, 합류하라!" 이런 구호는 집단의 결집이 확대되도록 돕는다. "거짓 언론, 거짓 언론"은 드레스덴에서 열린 페기다의 시위에서 외친 구호다. 지배적인 국가 권력을 향한 충성을 지원하기 위해, 각양각색의 정권들은 대중의 집결과 행진을 기꺼이 허락한다. 그러면 지배 정권을 칭송하는 긍정적인 구호가 터져 나오기도 하며 반대자나 공격자를 비판하는 외침이 퍼지기도 한다. 이란의 사령관 카셈 솔레이마니가 2020년 초

미국의 드론 공습으로 사망한 이후 테헤란에서 벌어진 일처럼 말이다.

집단 안에서 노래하고, 외치고, 리듬을 타며 반복적으로 말하는 것은 충성을 형성하고 확인하고 또한 강화하는 언어 행위다. 이는 '민족적 징표'와 닮아 있다. 우리가 이 책의 초반에 다루었던, 티셔츠나 문신은 '단순한' 상징적 신호를 넘어선다. 페트라 게링의 말처럼 "언어에 기반을 두나 신체적 수행이기도 한, 감정 방출 행위"이기 때문이다. 축구 경기장에서 울려 퍼지는 팬덤의 응원가는 '실제' 전투 행위로, 자기 축구팀을 격려하고 찬양하는 데 도움이 되며 동시에 상대 팀을 공격적으로 도발하고 거슬리게 만든다. 구호는 친구와 적을 선명하게 표시하는 데서 그치지 않으며, 아예 둘 사이에 구별 표시를 만들어 낸다. '구호 외치기', 즉 "기악 음향 없이 포효에 가까운 즉흥적인 발성과 합창"은 음악도 말도 아니며 오히려 리듬, 비트에 가깝다. 구호는 일종의 신체적 무아경과 관련된, 군중 속 몸의 언어 행위라 할 수 있다.

구호를 외치는 행위는 어딘가에서 조용히 잠복해 있던 감정들을 방출시킬 뿐 아니라 생겨나게도 한다. 언어와 음악, 포효의 경계에 있는 구호가 가진 힘은 알렉산더 클루게의 표현처럼 흡사 '감정의 발전소' 같다. 공장의 발전소처럼 구호를 통해 감정들이 생산되는 것이다. 비교하자면 '톤(Tone)의 힘'과 '말의 힘'을 넘어 신체적인 힘까지 지닌다고 할 수 있다. 감정은 효과를 만들어 낸다. (그리고 반대로는 안 된다.) 톤과 리듬은 이미지보다 강력하게 달라붙으므로, 구호 외치기는 충성을 오랫동안 지키는 데 유익하다. (가족처럼) 충성이 거의 본성으로 여겨지지 않는 곳은 언제나 구호 외치기 또는 공동체에서 만든 노래 부르기를 통해 충성이 형성되고 강화될 수 있다.

군중 속에서 한 집단의 일부로, 뜻이 맞는다고 느껴지면 좋은 감정이 생겨난다. 마치 소속의 보답을 받은 것처럼. 소속의 이면은 수치와 배신으로, 이는 (상상으로든 실제든) 무소속에 대한 처벌이다. 수치와 배신은 늘 보이지 않게 따라다니는 충성의 동반자다. 수치는 불충 행위에 대한 온건한 처벌로 굴욕이 가해지며, 배신자라는 판결은 충성 위반에 대한 강경한 조치다.

수치는 우리 모두가 알고 있다. 그리고 우리는 이미 2장에서 이에 대해 이야기했다. 수치는 얼굴을 들 수 없을 만큼 괴로운 상황에서 생겨나는 불쾌한 감정으로, 직접 신체에 영향을 미친다. 늦어도 사춘기 무렵이면 이 감정이 생기기 시작한다. 수치를 느끼면 우리는 땅속으로 꺼지고 싶으며, 자기 심장 소리가 들린다. 최악의 경우에는 얼굴이 빨개진다. 그러면 내가 지금 막 실수를 저질렀다는 사실을 다른 모두가 보게 된다. 이는 우리가 피하고 싶어 하는 상황이다. '실수'는 한 집단에서 통용되는 무언의 규범을 상징한다. 우리가 행해서는 또는 언급해서는 안 되는 것을 가리킨다. 실수에 발을 들이면 우리는 이를 적어도 나중에 가서 알게 된다.

수치심의 세 가지 유형

스위스 출신의 정신분석학자 레옹 뷔름저는 《수치의 가면 (Die Maske der Scham)》에서 수치심을 세 가지로 나눈다. 즉 (약점이 노출되어) 자신에게 부끄러운 일이 곧 일어날 것 같은 불안감인 '수치 불안', 부끄러운 일이 이미 일어난 상태에서 느껴지는 모든 불편한 감정들인 '수치 반응', 끝으로 굴욕을 야기할 수 있는 상황을 피하려는 시도인 '수치 태도'로 구분한다. 뷔름저에 의하면 수치심은 일종의 실패로, 자신의 약점 및 결점과 관련된다.

여기서 수치심은 죄책감과 구별된다. 죄책감은 내가 다른 사람에게 입힌 해와 연관이 있다. 간단히 말하면 수치는 모두가 기꺼이 피하고 싶어 하지만 평생 피할 수 없는 것이다. 기껏해야 민감하지 않은, 특유의 단순함을 타고난 사람들 정도만 이를 피할 수 있다. 이들을 위해 조물주는 다른 사람이 한 일 때문에 내가 부끄러움을 느끼는 감정인, 이른바 프렘드쉐멘(Fremdschämen)을 만들었다. 그러면 타인이 불쾌한 감정을 대신 넘겨받게 된다.

수치심은 인간 사이의 갈등에서 무기처럼 이용되기도 한다. "부끄러운 줄 알아야지!" 어머니는 아이에게 말한다. 예전에 우리는 잘못을 저지르면 구석에 서 있어야 했다. 13세기 무렵부터 형이 내려진 범죄자들은 프랑거(Pranger)라 불리는 나무 기둥에 묶여, 공개적으로 웃음거리가 되었다. 공개적인 굴욕으로 누군가에게 수치심을 가하는 것은 처벌이면서, 동시에 구경하는 모든 이들에게는 억제와 경고로 작용한다.

부끄러움이 끈질기게 오래가는 이유는 기억 속에서 변하지 않기 때문이기도 하지만, 처음의 격한 감정이 마치 몸에 새겨지듯 똑같이 되풀이되기 때문이다. 과거에 지나간 기쁨의 순간을 기억에서 떠올리면 기쁨의 감정이 반드시 느껴지지는 않는다. 부끄러운 순간을 떠올리면 다시 부끄러워지며, 얼굴이 붉게 달아오르고 심장 박동이 느껴지면서 바닥으로 꺼지고 싶다. 우리가 할 수 있는 최선은 부끄러운 순간을 머릿속에서 밀어내는 것이다. 작가 아니 에르노는 "부끄러움의 기억"을 정면으로 마주하기까지 55년이 넘게 걸렸다.

결코 유쾌하지 않은 감정이지만, 그럼에도 수치심은 온건한 형태의 배제다. 배신자라고 불충을 낙인찍는 것은 최종적이므로 가혹한 형태라 할 수 있다. 지금까지의 고찰을 통해 우리는 이미 여러 차례, 몇몇 배신자들을 만나 보았다. 내부 고발자는 둥지를 더럽히려 한다는 혐의와 함께 배신자라는 비난에 직면한다. 사회적으로 상승한 사람은 자기 가족을 배신하는 것이, 버리고 떠나는 것이 두렵다. 그리고 공산주의 투쟁가들은 트로츠키스트(Trotskyist)로서 좌경화 또는 우경화된 이탈자로 비난받고 밀고를 당한다. 당사자에게는 너무도 터무니없는 비난이지만, 재판을 받기에는 충분한 비난이다.

세계사에서 가장 유명한 배신자의 이름 '유다'

여기서 우리는 충성이 약속된 집단이나 씨족에서 배신은 비난의 대상이 되며, 개별 구성원에게 가해진 비난은 이들이 다시 충성을 그리워하도록 만든다는 사실을 알 수 있다. 세계사에서 가장 유명한 배신자의 이름은 유다 이스카리옷이다. 나사렛 예수의 열두 사도 가운데 확고한 일원이었던 유다는 은화 몇 닢에 사도들의 지도자인 예수를 배신한다. 닭이 세 번 울기 전에 자신이 예수와 관련되어 있음을 부인한, 그러니까 충성에서 매우 중요한 소속을 부정한, 베드로와 달리 유다는 제자들의 집단에서 단지 벗어날 뿐 아니라 이에 더해 제자들과 예수에게 등을 돌리며 신의 아들이자 유대인의 왕을 추적자들에게 넘긴다. 이 행위는 그를 파멸로 이끈다.

배신자의 비열한 신호는 입맞춤이다. 입맞춤은 의례적이면서 잠재적으로는 동성애 제스처이며, 충성에 특별히 가까움을 암시하면서 동시에 배신을 완수하는 행위가 된다. 예수를 잡으러 온 군인들에게 유다가 입맞춤을 통해, 무리 가운데 누가 메시아라 주장하는 예수인지 알려주기 때문이다. "내가 입을 맞추는 자가 바로 그 사람이니, 그를 붙잡아 가시오."

배신은 신뢰를 저버리는 가장 강력한 행위로, 유다의 경우 유독 비열한 방식으로 배신을 저지른다. 유다는 복음 전파의 사명을 잃어버리는 정도가 아니라 (어쨌든 이에 대해 한마디도 전하지 않고) 은화 30냥을 받고 예수를 넘기기로 약속해 버린다. 더러운 재물은 그의 배신을 유발하기에 충분했다. 배신은 친구를 적에게 인도하는 일도 기꺼이 감수한다. 배신은 저열한 의도로 친구와 적 사이를 명확하게 분리한다.

남은 제자들의 충성도 이와 크게 다르지 않다. 그들 대부분은 예수를 지키기 위해 나서지 않는다. 나중에 부인하는, 베드로만 예수를 잡으러 온 군사의 오른쪽 귀를 자기 칼로 내리쳐 자르면서 다소 무력한 방식으로 두각을 나타낸다. 이에 그는 즉시 예수의 경고를 받는다. "칼을 칼집에 꽂아라!" 이는 성경 이야기의 논리가 역설적으로 무너지는 지점이기도 하다. 유다의 배신이 없었다면 아마 예수는 십자가에 못 박히는 죽음을 면했을 것이고, 그러면 십자가의 죽음이 대속한 죄인들 또한 구원받지 못한 채 머물렀을 테니까.

따라서 그리스도교 신자들은 유다를 너무 매정하게 취급해서는 안 된다. 실제로 그는 자기도 모르는 사이에 도구가 된 비극적인 인물로, 구원 작업에 반드시 필요한 일종의 사명으로서 배신을 저지르기 때문이다. 가톨릭 사상가 샤를 페기에게서 비롯된 이런 해석은 악인을 끝내 진정한 영웅으로 만든다. 왜냐하면 그는 신의 구원 계획에서 엄청나게 비열한 역할을 할당 받았으니까. 그것도 메시아의 배신자로서.

열두 제자 집단이 어떻게 이루어졌는지 들여다보면 문제는 조금 더 복잡해진다. 다시 말해 이들은 자신의 가족을 배신하며 집단에 합류한다. 잘 알려져 있듯이, 예수는 그를 따르고 싶은 사람은 "자기를 부인"해야 한다는 엄격한 조건을 내세운다. 이는 예수 운동과 공산주의 혁명 운동이 지니는 공통점이다. "내게 오는 자가 자기 부모와 처자와 형제자매와 더욱이 자기 목숨까지 미워하지 아니하면, 그는 내 제자가 되지 못하리라." 누가복음에는 이런 말이 나온다.

이는 친구에 대한 충성보다 가족에 대한 충성이 더욱 강한, 기존의 질서를 역행하는 데서 그치지 않는다. 더 나아가 예수는 이중의 충성을 금지하며, 가족으로부터 단순히 등을 돌리는 것을 넘어 심지어 증오하라고 명한다. 예수 공동체는 다른 모든 공동체보다 앞에 놓는다. 그리고 이 긴밀한 유대 관계에서 유다는 벗어난다. 성경의 문구에 따르면, 오로지 돈 때문에. 그가 믿음을 등졌다는 사실은 전혀 언급되지 않는다. 그랬다면 그의 행위를 이데올로기적으로 정당화하는 최소한의 명분이 주어졌을지 모른다.

다수의 집단, 부족, 사회 그리고 종교 안에서 배신자를 향한 배척은 적에 대한 증오보다 더 크다. 코란(Koran)에는 유대인을 경고하는 문구가 반복적으로 나온다. 그러나 코란은 유대인을 죽이라 명하지는 않는다. 하지만 올바른 신앙을 저버린 무슬림은 죽이라고 명령한다. 배교자, 변절한 배신자는 그릇된 신앙을 믿는 이교도보다 더 나쁘다. 단테 알리기에리의 책에서 배신자들은 지옥의 맨 밑바닥에서 처참한 벌을 받는다.

마피아도 예수처럼 엄하지는 않다. 마피아는 자기 조직원들에게 가족에 대한 충성을 접으라고 요구하지 않는다. 그리고 그 이유를 알고 있다. 나폴리의 은드랑게타 같은 마피아 조직은 혈연관계를 중심으로 자기 구성원들을 모으며, 가족과 무관한 구성원들로 이루어진 조직과는 거의 동맹을 맺지 않는다.

그런데 그리스도교 공동체와 마피아 집단 사이에는 놀랍도록 일치하는 지점이 있다. 1992년 마피아 조직 코사 노스트라에게 살해당한, 이탈리아의 판사 조반니 팔코네는 마피아 가입을 종교적인 경험과 비교하여 말한 적이 있다. "마피아 조직에 들어가는 것은 새로운 종교로의 개종과 같다. 성직에서도 마피아에서도 탈퇴할 수 없다." 두 가지 경우 모두 평생 동안의 충성이 기대된다. 이 시칠리아 마피아는 조직 가입을 한결같이 '세례'라 칭한다. 조직에 들어가면 신입의 손가락을 그어 생긴 핏방울을 성수에 넣으며, 신참과 조직 사이에 맺어진 불가분의 유대 관계를 상징화한다. 때로는 엄지의 윗부분을 절개한 자리에 십자가 모양을 그려 넣기도 한다. 가입식에서 코사 노스트라의 '열 가지' 공식적인 규칙을 크게 낭독하는 것은 결코 우연이 아닐지 모른다. 조직에 입단하는 과정에서, 끝으로 신입은 '대부'를 하나 얻는다. 다른 성스러운 의식들처럼 마피아 선서도 받는다. 선서에는 확실한 약속, 상부 권력에 대한 맹세, 거짓 맹세를 저지른 모든 자에 대한 처벌이라는 세 가지 요소가 꼭 들어간다.

여기서 예수의 제자 공동체와 마피아가 비교되는 이유는 다른 도발적인 지점 때문이 아니라, 이처럼 긴밀한 소속 구조를 보여 주는 집단이 그리 많지 않기 때문이다. 그리고 이에 상응

하는 의례적이고 수행적인 식은 필수이다. 말하자면 이런 의
식은 소속을 집행한다. 이때 신입이나 세례 받는 사람의 의지
는 아주 약하다. 서약과 맹세 그리고 그 외에 다른 유사한 행
위와 관련된, 스스로 효과를 발휘하는 성례나 의식이 필요할
뿐이다.

그리스도교와 마피아 두 집단은 배교자와 배신자, 다시 말해
이탈의 선택지를 과감히 택한 변절자에게 가해지는 혹독한 저
주를 잘 알고 있다. 교회에서 이탈하면 영원한 지옥살이가, 마
피아에서 빠져나오면 처형이 기다린다. 우리는 이를 택하고
싶지 않다.

요약

소속을 향한 욕망은 자유를 향한 욕망보다 강하다. 가장 강
력한 유대는 결국 집단을 향한 충성의 의무가 아니라 자기
고유의 이상에 매달리는 것으로, 우리는 이 이상을 감히 배

신할 수가 없어서 집단에 달라붙어 머문다. 이상의 순수함은 모든 합리성이 자라나기 전에 생겨난다. 따라서 생의 초기에 생겨나 자리 잡은 이상들은 계몽과 교화에 저항력이 있다.

그럼 다음 단계는 무엇일까? 충성은 끈끈하다. 그런데 현재 우리 사회는 모든 것을 향한 분노가 (페기다, 미래를 위한 금요일, 크베어뎅켄 711 등) 대세를 이루고 있다. 둘은 서로 어떻게 어울리는 걸까? 새로 등장한 저항 운동들은 이의와 불충의 표현일까? 아니면 이들은 그저 공격적이고 폐쇄적으로, 다시금 충성이라는 함정으로 걸어 들어가는 걸까? 포퓰리즘을 가지고는 친구와 적의 구별에서 벗어날 수 없다. 오히려 반대로 포퓰리즘은 구별을 강화시킨다.

6 장

분
노

저항 운동은 언제 필요한 것인가?

아니라고 말하기는 어렵다. 앞의 내용을 요약하면 이렇게 말할 수 있다. 세상 밖으로 나오려는 사람은 출신 가족으로부터 소원해진다. 회사의 폐해를 폭로하는 불충은 동료로부터 배척과 양심의 가책을 뜻한다. 그리고 이른 시기에 형성된 이데올로기적 신념을 내려놓아야 할 때, 우리는 고유의 이상에 대한 배신이라는 최악의 상황에 직면하게 된다.

충성의 압박이 어디에나 존재한다고 보는 시각에서는, 오늘날 다시금 용인되는 듯 보이는 불충이 더욱더 이상하게 느껴질지 모른다. '시민 불복종'이라는 표현 아래 국가나 정부, 주류 사회나 유행하는 학문, 또는 '거짓 언론'에 반하며 사람들을 흔들어 깨우고 옳은 길, 좋은 길로 나아가야 한다고 외치는 뜻 맞는 이들이 모인 집단들이 속속 등장하고 있으니 말이다. 이번 장에서는 언제 불충이 필요한지, 적절하지 않은 때는 언제인지 알아보려 한다. 그다음 비로소 우리는 불충으로 가는 지침에 발을 들일 수 있다.

다르게 말하면 오늘날 부족 집단 안에서 벌어지는 도덕화된

'신조의 테러'는 주류에 맞서는 영웅적 형태의 불충보다 쉽게 양식화되므로, 영웅적인 불충보다 덜 끈끈하며 개인의 불복종 거역이 보다 수월하게 이루어진다. 불충으로 가는 올바른 길은 현재 일어나고 있는 분노의 레토릭, 특히 반사실적 경향을 띠는 이른바 음모론과 정확히 반대 지점에 있다.

"때가 되었다! 지금 과격해져야 한다, 나중에는 아무 소용이 없다. 우리는 일어나야 한다. 반란을 일으키자!" 환경 운동 단체인 멸종 저항(XR)은 이런 슬로건이 담긴 안내 책자《우리가 아니면, 언제(Wann, wenn nicht wir)》를 가지고 후원과 동의를 구하는 캠페인을 벌인다. 2018년 영국에서 일어난 멸종 저항은 그사이 점점 더 많은 호평을 받으며 인기 있는 정치 운동으로 자리 잡았다. 그 중에서도 특히 XR은 세계적인 대도시 런던을 며칠 동안 마비시키며, 도로와 다리가 봉쇄된 도심을 고유의 색상인 핫핑크로 물들이는 것으로 유명하다. 이들의 목적은 비폭력적인 시민 불복종이라는 수단을 가지고 실존적 위기에 대한 고유의 생각을 표출하는 것이다. 즉 급격히 확산되고 있는 종의 멸종이 우리 인간에게도 엄습하고 있음을 환기시키며 제도 변화를 이끌고자 한다.

우리는 이미 1장에서 멸종 저항에 대해 이야기했다. 거기서 우리는 현대 사회를 새로운 관점으로, 친구와 적의 구별이 재차 받아들여지는 부족주의 특징을 가진 세계로 바라보았다. 멸종 저항은 도덕적이고 수사적으로 채워진 충성을 자기 지지자들에게 요구하는 운동이다. 그러면서 다수의 팬들은 XR과의 전적인 동일시가 그리 어렵지 않다. 왜냐하면 이 조직은 각 지지자 고유의 개인적 목적과 상당히 일치하기 때문이다.

멸종 저항은 논의의 중심에 있으며, 거의 모범적인 저항 운동처럼 여겨진다. 그 이유는 집단 표현이라는 절대적 요구가 실현되는 장이 마련되기 때문이다. 또 다른 진보 저항 운동인 미래를 위한 금요일과 녹색 좌파 저널리스트 및 지식인들 사이에서도 이런 식의 제스처는 널리 퍼져 있다. 하지만 마찬가지로 우측에서도 페기다나 '정체성 운동(Identitäre Bewegung)'도 좌측과 크게 다르지 않은 제스처를 취한다. 코로나 시대에 생겨난 단체 "크베어뎅켄 711 - 우리는 헌법을 수호한다" 또한 "자기 책임, 자기 결정, 사랑, 자유, 평화, 그리고 진실"을 추구하며 팬데믹 시기에 국가가 규정한 자유의 제한에 반대한다. 이 모든 저항 운동들은 다소 차이는 있더라도 대개 "때가 이르렀다…" 같은 묵시록적 슬로건에 동의할 것이다. 누가 보아도 모호하고 불확실한 이 슬로건을 말이다. 이 안에는 지금 당장 행동에 옮겨야 한다는 절박함이 담겨 있다. 현 세계 상황, 사회적 상황, 아니면 코로나 비상시국 상황을 고려하면 "태도를 취한다"는 말은 다양한 뜻이 될 수 있다. 올바른 도덕이 요구된다는 말은 (올바른) 신조를 의미한다.

분노하라!

이처럼 분노에 찬 저항 운동들의 대부분은 생긴 지 얼마 되지 않은 젊은 단체다. 기록을 보면 이들 지지자의 다수는 여태까지 비정치적인 삶을 살아오다, 어느 순간 발언을 해야만 하는 사람이 되었다. 현재 일어나고 있는 저항의 형태는 대규모 시위로, 버스 회사 및 경험 있는 시위 전문 단체와 함께 전문적으로 조직된 경우가 많다.

분노 실천의 본보기로는 2010년 프랑스에서 출간된, 스테판 에셀이 쓴 《분노하라(Indignez-vous!)》가 있다. 저항을 호소하는 내용을 담고 있는 이 책은 7개월 동안 200만 부 이상 팔리며 베스트셀러가 되었다. 독일에서도 번역 출간된 이 책은 기차역 서점의 계산대 옆에 몇 달 내내 산더미처럼 쌓여 있었다. 상당히 논쟁적인 이 책은 제2차 세계 대전 때 레지스탕스로 활동하며, 프랑스를 점령한 독일 나치에 맞서 싸우고 부헨발트 강제 수용소에서 끝내 탈출해 살아남은 저자의 일생을 통해 높은 신빙성을 얻었다. 여기서 그가 위험을 감수하며 충성을 거부한 상대는 명확히 파악이 가능하다. 바로 독일 나치라는 부당한 정권이다.

에셀의 논평은 장-폴 사르트르의 프랑스 실존주의적 자유 제스처에서 파생되었다. 그는 근거 없는 복종이나 금융 자본주의 또는 국가주의나 신자유주의가 어딘가 모르게 나치 지배와 구조적으로 견줄 만하다고 말하면서, 오늘날 우리에게 불충의 의무가 있으며 정치적 저항이 필요하다고 정당화한다. 이런 에셀의 외침은 그사이 우리 기억에서 거의 망각된, 금융 및 유로화 위기 시절의 월스트리트 점령 운동(Occupy Wall Street)에 상당한 영향을 미쳤으며 이에 정당성을 부여해 주었다.

오늘날 새로운 좌파 녹색 운동 또는 우파 저항 운동들의 영웅적인 분노 제스처는 다소 위험한 무위도식 사회로 향한다. (기후 변화나 이슬람 위협 또는 시민의 자유를 억압하는 국가에 저항하는 운동들도 마찬가지다.) 그러나 정말 필요하다면, 인류를 통해 인류의 멸절을 가능하게 만드는 자본주의에도 저항해야 한다.

소셜 네트워크는 이 새로운 분노 문화에 거의 전 지구적 증폭기를 제공한다고 할 수 있다. 이에 대해 스테판 에셀은 전혀 알지 못했다. "행동주의는 우리가 쿨하다 여겨질 수 있는 가장 쉬운 방법 중 하나가 되었다." 주간지 〈이코노미스트(Economist)〉가 2019년 8월 "젊은이들이 어떻게 뉴스의 규칙을 새로 쓰고 있는지" 질문을 던지며 실시한 설문 조사에서, 보스턴의 한 십 대 청소년은 이리 답한다. 이는 가상의 공간에서 소속의 형성이 일어나고 있음을 보여 준다. 다시 말해 인터넷 상에서 '밈(Meme)', 토막 글, 조각 영상, 팟캐스트의 일부가 연쇄 반응처럼 확산되어 순식간에 광범위한 대중이 알게 되면서, 소속이 형성되는 것이다.

이 지점에서 우리는 새로운 운동들이 분노라는 높은 톤을 통해 서로 결집되며, 비교적 모호한 목적들을 동반한다는 사실을 인지해야 한다. 어떤 식으로든 모든 것은 분노로 빠진다. '자유민주적 기본질서(Freiheitliche demokratische Grundordnung, FDGO)'나 '지배 세력'을 모조리 심판 내리려 했던 68세대처럼 말이다. 누구 말처럼, 잘못된 삶 속에는 올바른 삶이 없다는 듯이. XR은 올바른 신조를 가진 사람들을 한데 모으며, 집단을 향한 충성을 요구한다. 그러면서 움직이지도 않고 변화도 없으며 부패되었다 여겨지는, 사회를 향해서는 불충을 강요한다. 민주주의 문제는 고려하지 않은 채로.

새로운 분노 운동의 충성 압박

여기서 우리는 4장에서 이야기한 '강직한 공산주의자'의 전형과 극단적으로 반대에 있는 인물을 다루게 된다. '강직한 공산주의자'는 국가에 대한 충성이 무엇보다 위에 있다. 그는 보다 나은 지식에 반하며, 자신이 저지르지도 않은 배신과 불충의 죄를 스스로에게 씌울 준비마저 되어 있다. 이에 반해 민주주의 국가를 향한 충성의 의무를 부인하며 분노하는 운동가는 자칭 부당한 국가에 자신이 아무런 의무도 없다고 생각한다. 인간은 자기가 무엇을 해야 하며 또 할 수 있는지 알아야 한다. 독재적인 이데올로기 국가는 불충을 절대 허용하지 않는 다. 자유 민주주의 국가는 자기 존재에 대한 의심과 질문을 허 용한다.

불충의 신조는 불충의 행동으로 옮겨져야 한다. 그러려면 '시 민 불복종'이 필요하다. 시민 불복종을 간략히 정의하면, 다 알 면서 법을 위반하는 비폭력적인 행위이자 정당해 보이는 행위 다. 왜냐하면 목적이 정당하게 산출되었기 때문이다. 정당성 은 합법성에 대한 위반을 정당화시킨다. 숭고한 목적이 불법 적인 수단을 신성화하는 것이다.

오늘날 시민 불복종에서 '시민'은 시위의 형태가 문명화된 (Civilized) 방향으로 나아가는 '시민(Civil)'이 아니라, 선출된 대 표들을 향한 복종을 거부하는 '부르주아' 시민 계급이라 할 수 있다. 저항의 실천은 19세기 중반 노예를 소유하는 미국 사회 에 대한 항의 운동에서 생겨났다. 시인 헨리 데이비드 소로는 양심에 따라, 노예 제도를 허용하는 미국 정부에 반대하며 인 두세 납부를 거부했다. 여기서 이미 오늘날의 분노 문화와 차 이가 확연히 드러난다. 민주적이라 여겨지는 국가에 대한 복 종의 거부는 집단적인 신조 운동이 아니라, 개별 인간의 양심적 결정에 근원이 있다. 초기의 복종 거부는 언제나 결정의 결과들을 감수하며, 법적 책임을 지든 아니면 최악의 경우 체포되기도 한다.

이는 오늘날의 시민 불복종 동지들과, 이들이 점령해 버린 전통적인 시민 불복종 사이의 현저한 차이점이다. 불충은 이를 따르는 사람들이 국가를 거부해야 하는 이유를 믿을 수 있게 만들어야 한다. 적어도 국가의 일부가 부당하다는 것을 납득시킬 수 있어야 한다. 노예 제도의 경우, 법적으로 이성적으로 인간의 권리와 존엄에 위배된다는 일치된 판단을 이끌어 낼 수 있었다.

물론 이처럼 판단이 아주 명백하게 내려지지 않을 수도 있다. 미국의 베트남 전쟁의 경우, 전쟁의 정당성은 의심의 여지없이 불안정하지만 일치된 판단을 내리기는 어려웠다. 평화주의적인 이유로 무기를 지참한 병역에 거부하는 시민 불복종이 오늘날까지 이어지는 것은 그리 놀랍지 않다. 철학자 존 롤스는 이와 같이 '거의 정의로운' 상황에서는 국가의 법에 복종하지 않아도 된다고, 즉 불복종해도 된다고 본다. 자유주의 국가는 저항하는 자들을 내버려 두며 자신의 관용과 개방성을 보여 준다. 비록 국가에 혼란을 종결짓고 무력 독점을 주장할 권리가 있다 하더라도 말이다. 이를 행하지 않는 것은 국가를 약화시키지 않으며 오히려 국가에 힘을 부여한다.

시민 불복종을 행하는 이들은 국가와 사회의 명백히 부당한 구조 속에서, 자기 활동에 선명한 경계를 긋도록 유의해야 한다. 민주주의에서 다수는 소수를 위협해서는 안 된다. 하지만 마찬가지로 소수도 민주적으로 권력을 잡은 법치 국가의 다수에게 상위의 목적에 호소하며 자기 재량으로 충성을 거부해서는 안 된다.

이를 불충의 모범 사례라 이해한다면, 이 책의 논제를 철저히 오해하고 있는 것이다. 새로운 분노 운동은 저항 집단 내부의 거대한 충성 압박을 먹고 산다. 정부와 국가가 시민들의 복종을 요구하지 않는 반면, 신교도들은 마치 무슨 물물교환이라도 이루어지는 것처럼 새로운 부족에 소속되기를 기꺼이 동의한다. 여기서 새 부족은 XR이나 크베어뎅켄 711, 그 외에 다른 모든 저항 운동들을 뜻한다. 신교도들은 스스로 반항적이라 생각하면서, 새로운 집단 압력에 충성스레 복종한다.

오늘날 XR이나 폐기다가 호소하는 시민 저항은 확실히 전제 조건이 충족되지 않는다. 민주주의 국가의 정부들은 기후 변화에 책임이 없다. 반면 이전의 정부들은 노예 제도나 베트남 전쟁에 책임이 있었다. 이는 결코 부차적인 문제가 아니다. 그토록 위협적인 기후 변화는 기술 발전이 야기한 위험성 높은 부작용이지, 국가나 기업의 악행이 아니다. 그리고 국가들은 충분하지는 않지만 1997년 교토 의정서 이후 기후 변화를 저지하려 노력하고 있다. 이런 정치적 행위는 미온적 또는 관망적이라고 비난받을 수 있다. 그러나 아무리 그러고 싶어도 부당한 정권이라 규정될 수는 없으며, 이에 맞선 시민 저항에 권한을 부여하지도 않는다.

양심은 무엇으로 판단되는가?

철학자 헤르만 뤼베는 이미 1984년에 '정치적 도덕주의'를 다루는 두 강연에서, 판단력을 넘어서는 신조의 대승리를 경고한 바 있다. 2019년 초에 재발간된 그의 책을 보면 놀랍도록 신선하게 느껴진다. 뤼베는 '양심은 틀리지 않는다'는 임마누

엘 칸트의 유명한 문장을 앞에 내놓으며, 이데올로기적으로 사로잡힌 그의 문장을 구하려 시도한다. 양심의 호소는 시민 불복종의 핵심이다. 이는 관습이나 예의범절, 도덕이나 법에 대한 의무보다 개인의 행동 계명을 우선순위에 놓는다. 종종 독단적이라 비판받는 그리스도교 신학에서도 양심은 높은 가치를 누린다. 토마스 아퀴나스 이후 신자들은 자기 양심을 어기느니 차라리 제명을 감수한다.

그런데 양심은 틀리지 않는다는 말은 정확히 무슨 뜻일까? 양심이 옳다는 말은 주관적 독단인 모든 빗나간 신조를 정당화시킬 수 있다. 무엇이든지, 내가 어디로 향하든 아니면 어디에 대항하든 양심이라고 선언해 버린다면, 결국 이는 모든 자의적 전횡의 신성화에 지나지 않을 것이다. 뤼베는 양심적 결정을 보여 주는 전형적인 사례로, 1944년 7월 20일의 저항을 떠올린다. 실패를 예상하고 감행된 히틀러 암살 시도는 양심과 완전히 일치하는 양심이었다.

하지만 양심은 주관적 판단이 아닌, 도덕과 법의 전통을 불러내는 것이다. 즉 범죄적 체제 안에서 폭군을 살해하는 일이 허락될 뿐 아니라 심지어 요구되는 전통을 말이다. 그러므로 양심은 순수한 내면의 즉흥적 전횡의 반대다. 말하자면 양심은 전해 내려오는 법과 도덕에 대한 신념을 생생하게 기억하는 것이다.

프리드리히 헤겔의 법철학에서 양심은 급진적인 회의를 경험한다. 헤겔은 '순수한 내면'의 주관적 자기 확신인 양심이 규정하는 선은 추상적이며, 내면의 고독에 머무르다 정반대로 바뀔 수도 있다고 비판한다. 양심은 틀리지 않는다는 칸트의 문장은 1791년에 쓰인 것으로, 자코뱅(Jacobin)의 공포 정치로 미덕이 테러당하는 경험을 하기 직전이다.

다르게 말하면 양심은 신조의 테러를 정당화하는 데 요용된다는 비판에 부딪힐 수 있다. 이에 뤼베는 바른 의미로 사용된 양심은 오로지 확증된 분별 및 판단력으로서, 올바른 삶과 판단에 대한 전통을 불러내는 것이라 말한다. 그렇지 않으면 우리는 자기 양심의 판결이 사형 집행인의 판결로 변하지 않았음을 확신하기 어렵다.

히틀러 정권과 XR이 축소되고 왜곡되며 반파시스트 전통에 호소하는 저항보다 영웅시되는 것은 결코 우연이 아니다. 그러면서 도덕적 양심의 요구와 전횡적 미덕의 테러 사이에 있는 근본적인 차이가 평준화된다. 더불어 이를 위해서는 기후 변화가 고의적이고 (마치 나치의 집단 학살처럼) 인간이 의도한 행위라는 날조가 필요하다. 인간 진보의 부작용이라고 객관적으로 바라보는 대신 말이다. 흡사 오늘날 우리가 부당한 국가와 거의 다름없는 나라에 살고 있는 것처럼, 인류가 온실가스로 사라지는 것이 관료주의적이고 계획적인 나치의 집단 학살과 견줄 만한 일인 것처럼.

민주주의는 민중의 지배가 아니다

2020년에 벌어진 코로나 시위들 또한 이와 비슷하다 말할 수 있다. 이들은 마치 독일이라는 나라가 바이러스학자들의 압제 속에서 권위적인 독재 정권으로 탈바꿈하는 것처럼, 개인의 자유가 더 이상 충분히 주어지지 않는 나라에 사는 것처럼 행동한다. 대규모 시위 행진이 가능하다는 것 자체가, 의심의 여지가 있다면 법원의 도움을 받아서라도 시위를 벌일 수 있다는 사실이, 법치 국가가 제대로 작동한다는 증거가 아닐까.

정치학자 필립 마노프의 말을 빌려 말하면, 민주주의, 적어도 대의 민주주의는 중우 정치 또는 빈민 정치와 반대된다. 민주주의는 단순히 민중(Volk)의 지배가 아니라, 민중을 향한/민중에 대항하는 정치다. "민중은 골목 어귀에 모여 있는, 절대 노래를 부르지도 시를 쓰지도 않는 어리석은 백성(Pöbel)이 아니라, 소리를 치고 찢어 버리는 이들이다." 요한 고트프리트 헤르더의 민요집 서문에는 이런 문구가 있다. 따라서 대표자는 대리하는 이들의 의지를 집행하는 자가 아니다.

이는 급진 녹색 야당이 가지고 있는 사상의 의도적 오류다. 평의회나 시민 회의를 소집해야만 하는 급진 야당의 대표는 국회에서, 당장 기후 변화를 멈추어야 한다고 절박하게 요구한다. 원상 복구에 끝이 없다는 사실은 차치하더라도, 시민 회의는 시민의 의지와 동일하지 않다. 대의 민주주의는 이런 의도로 만들어진 것이 아니다. 민주주의는 규범에 대한 시민 불복종 대신 문명화된 통치를 추구한다. 포퓰리즘과 민주주의는 어울리지 않는다.

이는 지난 과거의 전개 과정을 반영한다. 민중이라는 표상은 어리석은 군중을 사라지도록 이끌지 않았다. 이는 계몽이라는 혁명적 국가론의 환상이다. 대표자와 그가 대리하는 이들 사이의 의도적 거리는 언제나 문제가 된다. 말하자면 이는 대의 민주주의의 원초적 트라우마다. 그러면 포퓰리즘의 대두는 트라우마로 억눌린 것의 재발로 풀이할 수 있다.

이러한 관점에서 오늘날 우리는 민주주의의 위기가 아니라, 대의 자유 민주주의, 그리고 법치 국가의 위기에 있는지 모른다. 민중의 독점 권력이 삼권 분립을 통해 반듯하게 잘라지지 않은 법치 국가. 어리석은 백성 또는 "폭민(한나 아렌트가 말하는 Mob)"으로서 민중은 데모스(Demos, 그리스 아테네의 시민) 또는 국민(Staatsvolk)으로 기꺼이 문명화되지도 권력을 빼앗지도 못한다. 그러는 대신 엘리트 후견주의 뒤에서 미심쩍은 냄새를 맡으며 불신하기만 한다.

포퓰리스트 지도자

대의 민주주의의 이런 근본적 갈등은 포퓰리스트 지도자들이 들어올 수 있는 관문이 된다. 이들은 강력한 충성을 표명하는 자기 민중에게 전적인 소속이라는 따뜻한 감정을 보답으로 준다. 그러면서 경쟁 기관에 나누어져 있는 권력을 빼앗을 수 있는 허가가 주어진다. 우민에 의해 왕관을 쓴 지도자는 대법원과 국회, 그리고 자유로운 언론을 무시하게 된다. 만약 없앨 수 없다면 말이다. 이런 식으로 포퓰리스트 지도자는 자기 민중 속에서 일어나는 불충 운동의 선봉에 선다. 동시에 그는 저절로 생겨난 저항 운동을 자신을 위해 이용한다. 실지로 보다 끈끈한 복종을 요구하기 위해, 불충 운동은 분노의 제스처를 취하곤 한다.

민주주의 국가에서 기대할 수 있는 가장 약한 형태의 충성으로, 정치학자 돌프 슈테른베르거가 제시한 유명한 개념인 '헌법애국주의(Verfassungspatriotismus)'를 꼽을 수 있다. 이는 원래 나치의 패악 이후 국가주의를 대체한, 일종의 곤혹의 태도였다. 헌법애국주의에는 감정적 아랫도리가 없으며, 매우 고상한 자세로 기본법이라는 텍스트에 충성을 맹세한다. 법률과 의무의 모음집인 헌법은 고향이나 전통 또는 동화와 관련된 것이 들어 있는지 알아보기 어렵다. 시민들은 자기 나라와 연결되어 있다. 그러나 이들의 충성은 우연적이고 부수적이며 한계적인 특성을 지닌다. 이것이 바로 자유의 왕국이다. 여기서 거리,

조롱, 경멸은 용인될 뿐 아니라 장려된다. '민족적 징표'는 핀 잔을 받는다.

민주주의는 충성을 요구하지 않는다

이 지점에서 우리는 그럼에도 헌법애국주의가 여전히 충성의 하위 개념에 포함될 수 있는지 생각해 보게 된다. 슈테른베르거는 '창백한 충성'이라는 표현을 쓰며, 깃발과 송가 같은 국가에 대한 충성의 상징들이 우리가 최대한 먼 거리에서 마주치게 되는 충성의 일부라 말한다. 그럼 한 가지가 분명해진다. 즉 민주주의 법치 국가에서 충성은 무비판적 애국주의의 반대에 있다. 반면 법치 국가는 이탈과 이주에 가급적 낮은 값을 매긴다. 그러나 법치 국가는 알고 있다. 이주의 권리가 자유권이라는 것을 말이다. 이를 알고 계산에 넣은 이탈은 국가가 시민에 대한 충성의 기대에 유보적이도록, 시민에게 높은 세금을 징수하는 것을 주의하도록, 그러면서 대중에게 복종 표명을 강요하는 것을 그만두도록 만든다.

민주주의 국가에서 전적인 충성은 요구되지 않는다. 이는 삼권 분립이라는 법치 국가의 내재적 권력 박탈 구조 때문이 아니다. 가족 또는 기업과 비교하여 국가는 개개인의 권력과 가장 적게 연관된 조직이다. 근대를 지나면서 국가 통치자의 권력은 점점 더 제한되었다. 말하자면 권력 박탈 절차인 민주적 선거, 삼권 분립, 양원제 등 이들 모두는 국가 및 정부 지도자의 절대적 권력 행사와 충성에 대한 월권을 막는 제도적이고 도덕적인 울타리다. 그럼 누군가는 이리 말할 수 있다. 국가는 회사나 가족보다 덜 권위적으로 흘러간다고 말이다.

오늘날 시민 사회가 포퓰리스트 지도자로 인해 혼동하고 있는, 부족의 강력한 충성은 스포츠 구단이 팬들에게 기대하는 충성과 닮아 있다. "팬들의 충성은 열정적이고 맹목적이며 확고부동하다."《꺼진 불빛(Das Licht, das erlosch)》에서 포퓰리즘적 정치 체제의 증가를 다양한 연구를 통해 들여다본, 정치학자 이반 크라스테브(Ivan Krastev)와 스티븐 홈즈는 이렇게 쓴다. "팬들의 환호는 소속감을 반영한다. 소란스러운 경탄은 비판적 논쟁을 대체한다. 손뼉을 치지 않는 사람은 배신자다."

자유주의적 민주주의는 충성에 대한 기대가 창백하다는 점을 자랑스럽게 여긴다. 항의, 반대, 거리를 위한 공간을 허락하며 이탈의 대가를 낮게 매긴다. 포퓰리즘적 민주주의는 (마음이 조금 무겁기는 하지만) '비자유주의적 민주주의'라 부를 수 있으며, 카리스마적인 지도자에게 굴복한 부족이 표하는 충성 같은 강한 충성을 요구한다. 포퓰리즘적 민주주의는 팬 충성이라는 접착제를 사회와 민중, 그리고 국가로 옮긴다.

팬들의 공화국(Republic of Fans)

얼마 전부터 정치적 대항 운동은 간과할 수 없는 것이 되었다. 꼭대기에 있는 지도자를 통해 권력을 독점하고, 예전의 권위주의적 국가 통치 전통으로 달려가는 대항적 움직임은 곳곳에서 발견된다. 러시아의 블라디미르 푸틴 안에는 차르의 전통이 살아 있으며, 터키의 레제프 타이이프 에르도안 안에서는 술탄이 되살아난다. 누구도 '흠 없이 완벽한 민주주의'에 가치를 부여하지 않는다. 도널드 트럼프는 '미국 우선주의(America First)'를 만들어 냈고, 보리스 존슨은 대영 제국을 되찾으려 한다. 언제나 국가의 정상에 있는 남성들이 (헝가리의 빅토르 오르반이나 폴란드의 야로스와프 카친스키도 포함시켜서) 권력을 향한 욕망을 공공연히 자인하고 있으며, 이들의 부하들도 한껏 빠져서 즐기고 있음을 누가 봐도 명백히 알 수 있다.

에르도안 및 오르반을 비롯한 국가 지도자들은 열린 민주주의를 보호주의적 전제 정치로 변화시키고 있다. 이들은 자유를 잘라 줄이고 경쟁을 저지한다. 다르게 말하면, 이들은 한 나라를 회사처럼 이끌어 가려 한다. 독재적으로, 권위주의적으로. 이들은 가지각색의 권위주의적 강도를 찾아내며, 다양한 노력을 들여 자기 국가를 탐욕스러운 조직으로 바꾼다. 백성들로부터 결코 약하지 않은, 강한 충성을 기대할 수 있는 조직으로.

누군가는 자유 민주주의의 약한 유대와 깨지기 쉬운 소속감이 이런 대항적 움직임의 원인이라 말할 수도 있다. 또한 자유 민주주의가 감정적 자원을 덜 제공하기 때문이라고 주장할 수도 있다. 애국주의를 영점으로 되돌리며 시민들이 홀로 남겨지는 것을 자유 민주주의가 감수한다고 말이다.

크라스테브와 홈즈, 두 정치학자는 포퓰리스트 지도자들이

'시민들의 공화국(Republic of the Citizens)'을 '팬들의 공화국(Republic of Fans)'으로 변형시킨다고 말한다. 그곳에선 진실과 사실보다 충성스러운 추종이 더 중요하다. 구호는 비판적 판단력과 개인의 주권을 대체한다. "지구에서 가장 부정직한 이들 중 하나가 언론이며, 그런 언론이 소위 팩트 체크를 한다"는 트럼프의 주장을 누군가 믿는 이유는 무엇일까? 이는 믿음의 문제가 아니라 충성, 소속, 의리의 문제이기 때문이다. 시진핑이 모든 중국 기자들에게 기대하는 충성 표명도 관련이 있다.

포퓰리즘적 '비자유주의' 민주주의는 부족 집단, 마피아, 오랜 동지들의 동맹 안에 형성된 충성의 구조를 모방한다. 자유주의 민주주의에서 이런 식으로, 꼭대기에 우두머리가 있는 부족이 만들어진다. 자유 민주주의가 약한 접착제를 사용하는 까닭에 세계시민주의가 구속력이 없다는 의심을 받는 반면, 새로 등장한 탐욕스러운 민주주의는 친구나 동지 관계 같은 유대와 닮아 있다. 자유주의 민주주의와 비자유주의 민주주의 사이에서 차이가 나는 모든 개별 사례에서 (후자의) 이상적 전형이 드러난다. 다시 말해 집권 여당을 더 이상 선택하지 않는 사람은 단순히 부동층이 아닌 배신자다. 그의 패배가 이미 법정에서 확정되었을 무렵, 트럼프는 불쾌하고 고집스러운 태도로 유권자들을 자신을 배신했다며 비난했다. 실제로 이는 민주주의에 대한 심각한 위험이다.

나 자신과 내 삶의 중심으로

깨지기 쉬운 약점을 가진 '헌법애국주의'라는 위태로운 형태와 부족 충성 및 팬 충성을 모방하는 포퓰리즘이라는 국가주의 사이에, 시민을 위한 중도가 있을까? 물론 있다. 바로 그게 핵심이다. 지금까지 여기서 언급된 것은 결국, 정서적 소속을 형성할 수 있는 통제 가능한 분량의 감정적 에너지가 필요하다는 말이었다. 그러면서 동시에, 늘 배신자가 매복하고 있는 맹목적인 충성으로 이어지지 않을 소속을 형성해야 한다고 말이다. 유대 없이 이는 불가능하다. 소속감을 느끼게 해주는 집단의 지지 없이는 역시나 아무것도 되지 않는다. 그사이 많은 이들에게 고향이라는 개념이 다시 매력적으로 다가온 이유가 여기에 있다. 그리고 고향 같은 집단이 주는 소속감은 우둔한 국가주의로 끝날 위험이 항상 도사리고 있는 애국심과 구별된다.

반면 고향은 중심에서 분산되어 있으며 제한적이다. 물론 독일인은 고향이 '독일'이라 말할 수 있다. 하지만 이보다 "나는 '어디' 사람입니다" 또는 "내 고향은 '어디'입니다" 라고 말하는 경우가 더 많을 것이다. 고향은 반드시 지역일 필요는 없다. 고향은 방언일 수도, (마르셀 프루스트의 "잃어버린 시간"처럼) 감정이나 기억 또는 ("나의 고향은 저기 위에 있다"는 파울 게르하르트처럼) 내세일 수도 있다. 고향은 헌법애국주의 같은 개념에 그치지 않는다. 고향은 노래가 필요하고 축제를 가진다. 말하자면 감각적 개념이다. 우리는 고향의 맛을 보고, 냄새를 맡는다. 고향은 이미지와 이야기를 가진다.

튀빙겐의 민속학자 헤르만 바우징거는 쿠르드계 슈바벤 정치인 무흐테렘 아라스와의 멋진 대담에서, 고향에 대해 다음과 같이 말한다. "결국 고향은 고유의 작은 세계와의 일치감이다." 이는 고향과 다문화주의가 대립 관계가 아니라는 걸 보여 준다. 무흐테렘 아라스는 이슬람 알레비파 쿠르드인으로 터키의 아나톨리아 엘마각에서 태어나 슈투트가르트에서 자랐으며, 그사이 경제학을 전공하고 녹색당 소속 정치인이 되어 바덴뷔르템베르크 주의회 의장이 되었다. 내가 2018년에 아라스 의장과 나눈 인터뷰에서, 그녀는 이리 말했다. "고향은 거기에 있다. 나의 가족과 내 삶의 중심이 있는 곳에." 여성으로서 그녀는 해방되었으며, 이주자로서 그녀는 슈바벤이라는 고향에서 오랫동안 동화되었다. '주도 문화'에서 말하는 복종적 의미의 충성에 그녀는 결코 아무런 의무를 느끼지 않았을 것이다.

무조건적인 충성 대신, 그녀는 아동·청소년 시절 새로운 고향에서 '닻'을 제공받았다. "동네의 한 농촌 가정은 우리에게 아주 중요했다. 어린 우리는 그곳을 드나들었다. 크리스텔이라는 아이는 마치 친자매처럼 우리와 가까운 사이가 되었다. 우리는 거의 매일 그녀의 집에 가서 실컷 텔레비전을 보고 푸키(Pucki) 시리즈 책을 읽었다. 이는 무척이나 도움이 되었다. 일요일이면 그 가정은 우리를 데리고 소풍을 떠났다. 그들은 심지어 우리와 함께, 슈투트가르트에 새로 생긴 국립미술관 신관도 방문했다." 슈바벤의 농촌 가정이 일요일마다 알레비파 쿠르드인들과 같이 미술관을 다녔다.

무흐테렘의 이야기는 사회 이동성과 다민족·다문화적 통합을 다루는 다수의 사회학 이론보다 어쩐지 더 의미심장하고 감명 깊게 들린다.

<u>요약</u>

충성은 두 가지 변종으로 구별된다. 강하고 소유적이며 탐욕스러운 충성, 그리고 약하고 자유주의적인 충성으로. 둘은 구성원들을 묶는 끈끈함의 정도에 따라 나누어진다. 또한 규모, 즉 구성원들의 수에 따라서. 가족이나 회사, 친구 집단이나 사회 운동 안에서의 충성은 대의 민주주의 안에서 기대되는 충성보다 훨씬 더 강력하다. 그곳에서 이탈은 소속의 문제로 연결된다. 가족과 회사, 그리고 새로 등장한 저항 운동들은 모두 높은 수준의 동일화를 명하는 (루이스 코저의 의미로) "탐욕스러운 기관"이다. 자유주의 국가 안에서 시민에게 기대되는 소속은 약한 충성에 해당된다.

그럼 다음 단계는 무엇일까? 지금까지 충성이라는 함정을 구체적으로 측정해 보았으니, 드디어 자유에 대해 이야기할 시간이 되었다. 자유는 불충으로 가는 길을 안내하는 길잡이이자, 신조 부족주의라 할 수 있는 오늘날의 분노 저항 운동과 거의 관련이 없으며, 오히려 실존주의의 미덕으로 향한다. 자율을 원하는 사람은 배제되는 경험을 두려워해서는 안 된다.

7 장

해방

집단으로부터 어떻게 자유로워질 수 있을까?

장내가 후텁지근하다. 뜨거운 열기는 모든 참가자들이 냉철한 사고를 유지하기 어렵게 만든다. 이들은 미국의 어느 단조로운 공간에 앉아, 자기 아버지를 살해한 죄가 있는 하층민 출신의 열여덟 피고인이 유죄인지 여부를 판정 내려야 한다. 유죄가 선고될 경우 피고는 전기의자에 앉아 죽음을 맞이하게 된다. 미국의 형사 재판에서는 배심원들이 만장일치로 평결을 내려야 한다. 유죄 아니면 무죄로. 전원의 의견이 일치하지 않으면 위임권이 반환된다.

이 이야기의 출발점은 극작가 레지널드 로즈의 1952년 연극 〈12인의 성난 사람들(12 Angry Men)〉이며, 이후 감독 시드니 루멧이 1957년에 배우 헨리 폰다와 함께 훌륭하게 영화로 만들어 독일에서도 널리 알려지게 되었다. 이 영화는 집단 압력과 충성의 기대에 관한 교훈적인 작품이다. 동시에 집단으로부터 어떻게 자유로워질 수 있는지, 그 과정에서 어떤 정신적 비용이 발생하며 무엇을 얻게 되는지를 보여 주는 작품이기도 하다.

이제 드디어 충성이라는 함정에서 빠져나오는 해결책에 관한 조언과 권고를 다룰 것이다. 구체적으로 말하면 '해방'과 '자기 결정', '주권'에 대한 이야기다. 더불어 단절 없이 (아니면 최소한 균열 없이) "자기 자신으로 있는(Bei-sich-Sein)" 자유에 대한 타당한 의심도. 다시 말해 멀어지기, 소원해지기는 불충 없이 되지 않는다.

위대한 자유주의 사상가이자 시인인 마리오 바르가스 요사는 "집단에 저항하고 이에 반하여 고유의 정신 활동을 펼칠 수 있는 인간적 능력"에서 진정한 개인의 정체성이 나온다고 말한다. 이번 장의 나머지 부분을 되도록 감싸는 차원에서 약간의 파토스(Pathos), 감정적 호소를 곁들일까 한다. 즉 성공한 삶의 최고 가치는 우리 자신을 향한 충성이다. 이는 (적어도 특정 상황들 속에서) 타인에 대한 불충과 관련되어 있다.

먼저 열두 명의 성난 사람들로 시작해 볼까 한다. 그리고 첫 번째 조언은 다음과 같다.

당신의 의심을 진지하게 받아들이자

일련의 공판으로 증거는 명백하고도 압도적으로 보인다. 피고가 자신의 결백을 주장하기는 하나, 그의 범행과 살인 동기를 빈틈없이 드러내는 간접 증거와 증인이 있다. 이에 따라 배심원들도 사건을 신속히 처리하려 한다. 앞에서 말했듯, 장내의 열기는 견디기 어려울 정도로 후끈하다. 배심원 중 하나가 그날 저녁에 있는 야구 경기 티켓을 들고, 빨리 이 사건을 끝내자고 재촉한다. "대수롭지 않은 일로 시끄럽게 떠들고 있다"고 그들은 말한다. 이 말 속에는 의견을 길게 주고받지 않아도 어차피 판결은 확정되어 있다는 뜻이 담겨 있다.

열두 명 가운데 협의 진행을 맡은 한 사람이, 각자의 판단을 말해 보자고 즉흥적인 여론 조사를 처음으로 제안한다. 여기서 우리는 배심원단의 일원들이 서로 알지 못하며, 판결에 영향을 미칠지 모를 공동의 역사도 위계질서도 해묵은 원한도 없다는 점을 주목할 필요가 있다. 그러므로 배심원들 사이에는 사전에 이미 존재하는 충성의 의무가 없다. 그리고 배심원은 모두 남성이다. 그럼에도 이 사건이 의심의 여지없이 명백하게 결국 유죄 판결로 끝날 거라는 무언의 기대가 지배적으로 깔려 있다.

배심원 1번부터 7번까지는 (이들은 이름이 없다) 하나하나 차례로 "유죄!"를 주장한다. (헨리 폰다가 연기한) 8번 배심원은 예상을 깨고 대열에서 벗어난다. 이는 그가 피고인을 무죄로 여긴다는 뜻이 아니다. 하지만 그는 피고를 유죄라 판단하기에 의심스러운 부분을 본다. 즉 '합리적 의심'을 가진다. 따라서 그는 이전에 발언한 일곱 명에게 동의할 수 없다고 느낀다. 그로 인해 배심원 8번은 스스로 아웃사이더가 된다. 1번부터 7번 배심원에 의해 다수에 동조하는 집단 압박이 형성된 데다, 9번에서 12번도 모두 유죄를 주장하며 끝내 열한 명이 하나가 되었으니까. 만약 배심원 판결에 만장일치 원칙이 마련되지 않았고 다수결의 원칙이 통용되었다면, 사건은 결정이 내려졌을 것이다.

그러자 아웃사이더를 향한 반응이 속속 드러난다. 8번 배심원은 개인적으로 공격을 당하고, 조롱을 받으며, 무거운 압력 아래 놓인다. "다른 장단에 춤추는 유일한 사람이 바로 당신이요.", "내 생각에 당신은 아주 약삭빠른 사람인 것 같아." 배심원들 사이에서 이런 으르렁거리는 소리가 들린다. 8번 배심원은 신체적 위협도 받는다. 다른 배심원 하나가 야구 경기를 놓친 책임을 그에게 물으면서 말이다. 집단 압력은 거의 견딜 수 없을 지경에 이르며, 공간을 가득 채운 후끈한 열기는 관객이 느끼는 압박을 상징적으로 보여 준다.

여기까지의 상황을 우리는 '무리 행동'으로 이해할 수 있다. 군집 행동으로도 불리는 무리 행동은 1장에서 집단의 행동 양식 중 하나로 언급했다. 간단히 말하면 '무리 행동'은 한 집단 안에서 사고와 판단, 행동이 일치되는 것이라 정의할 수 있다. 무리 안에는 순응 압력이 지배적으로 흐른다. 배심원의 만장일치 판결은 이른바 확신의 폭포를 묘사한다. 물줄기가 계속 잇따르는 폭포처럼 확신에 확신이 더해진다. 여기에 모인 모든 잘난 남자들이 내가 어떤 사람인지 뜻을 하나로 모은다면, 과연 나는 이에 맞서 항변할 수 있을까?

무리 행동은 '수의 법칙(Numbers Rule)'을 먹고 산다. 즉 다수는 틀리지 않는다는 것이다. 작곡가 콜 포터의 뮤지컬 가운데 〈5,000만 프랑스인은 틀릴 수 없다(Fifty million Frenchmen can't be wrong)〉라는 작품이 있다. 이 제목은 무언가에 확신을 가진 사람들의 숫자와 진실을 연결시킨다. 그러면서 진실과 다수 사이에 아무런 논리적 관계가 없다는 생각은 스쳐 지나간다.

우리는 인간의 신중한 합리성을 근거로, 우리가 자유롭게 결정을 내린다고 착각한다. 동시에 순수한 숫자의 힘이 얼마나 압도적일 수 있는지를 간과한다. 소수로 머무는 것은 견디기 어렵다. 무리 행동의 치명적인 결점이 여기서 드러난다. 첫 번째 배심원이 피고의 유죄를 확신하는 것만으로 이미 충분하다. 그러면 두 번째 배심원은 그를 괴롭혔을지 모를, 자신의 가벼운 의심을 보류하게 된다. 이어서 자신의 앞사람을 따르며 동조한다. 세 번째 배심원은 반대하기 더 어려워진다. 왜냐하면 이제 벌써 두 명이나 의심의 여지없이 확실해 보이니까. 그리고 이런 식으로 계속 이어진다. 수의 법칙은 순응과 충성을 구성하는 원칙이다. 또한 이는 음모론에서 풍겨 나와 폐쇄된 필터 버블로 흘러 들어가는, 독을 상징하기도 한다.

동의하는 모든 이들을 미숙하고 경솔한 겁쟁이라 질책해서는 안 된다. 그들은 단지 편안한 길을 택한 것이 아니라, (오인된) 다수의 합리성이 자신의 이견보다 우선시되어야 한다는 근거를 가지고 있다. 비합리성으로 역주행하고 싶은 사람은 아무도 없다. 비극적이게도 모든 차량들이 역주행 운전자를 향해 계속해서 다가오며, 그는 스스로 올바르게 행동하고 있다 생각한다.

물론 자기 자신보다 다른 사람들을 신뢰하는 것이 이성적인 상황들도 있다. 따라서 무리 행동이 어떻게 생겨나는지가 아니라, 이런 전형에서 성공적으로 이탈할 수 있는 기회와 조건에는 어떤 것들이 있는지 묻는 것이 흥미진진한 질문이 아닐까 싶다.

우리는 성공적인 이탈이 무엇인지 잘 모른다. 결국 강직한 불충은 뜻밖의 예외로 남는다. 영화 속 영웅은 무리에서 벗어나는 것이 어려운 일이 아니라는 사실을 암시한다. 이는 그가 영웅이기 때문이며 '열두 명의 배심원들' 같은 경우도 이야기가 어떻게 흘러갈지 우리는 이미 잘 알고 있다. 끝내 이단자는 다른 모든 사람들을 자기 진영으로 끌어들이고, 정의와 인류애는 승리를 거둔다.

그러나 현실 세계에서 이탈자는 자기 목소리를 높이더라도 이런 도덕적 결실을 얻지 못한다. 현실의 이탈자는 보통 '수의 법칙'을 믿으며, 다수의 판단에 대한 의심이 자기 의심으로 바뀌는 것을 붙들고 싸워야 한다. 이탈자는 내부 고발자의 역할처럼, 다수가 심각한 잘못을 저지르고 있음을 입증해야 하며, 그러면서 자기 자신이 틀릴지 모른다는 가정으로 심한 혼란에 빠진다.

다시 '열두 명의 배심원들' 이야기로 돌아가보자. 이탈자인 8번 배심원은 무죄가 확실하다고 주장하지 않는다. 그는 피고인의 무죄를 확신하지 않으며, 다만 피고의 죄과에 의심을 가진다. 유죄인지 의심스럽다는 점은 그에게, 무리에서 벗어나는 의견을 표명하기에 충분하다. 왜냐하면 그는 피고에게 무조건 반대하지 않으면서 무죄 추정을 따르는 것이 윤리적으로 반드시 필요하다 생각하기 때문이다. 인 두비오 프로 레오(In dubio pro reo), 즉 "의심스러우면 피고인에게 유리하게"라는 로마법의 기본 원칙인 무죄 추정의 원칙에 따라. 의심은 그의 근거다. 그는 앞뒤가 불일치하는 증거를 주시하고, 법의 기본 원칙을 고수한다. 의심은 임의적인 육감 그 이상이다.

만약 8번 배심원이 홀로 반대편에 머물렀다면 배심원단의 생각을 돌리지 못했을 것이다. 그는 자신에게 동의하는 배심원이 하나도 없음에도 배의 속도를 늦추며 멈춰 세운다. 그리고 두 번째 무기명 투표를 제안하며, 자신은 참여하지 않기로 한다. 투표가 다시 시작되자 8번 배심원의 옆에 있는 나이 지긋한 남자가 자신의 쪽지에 "무죄"라고 적었음을 고백한다. 이 남자 역시 피고가 결백하다기보다 다만 자신의 의심을 표출하고자 한다. 8번 배심원은 그가 고유의 의심을 진지하게 여기도록 고무했다. 그리하여 두 사람은 무리를 한데 묶던 마력을 깨뜨린다. 의심이 이로운 영향력을 행사한다. 이제 다수는 더욱더 방어적인 태도를 취한다. 강력한 반대자가 끝내 방향을 바꿀 때까지.

이로부터 우리가 얻은 해방의 첫 번째 조언은 다음과 같다. "당신의 의심을 진지하게 받아들여라." 우리 안의 의심은 동의를 거부하고 반대하는 태도를 취하기에 충분하다. 확신은 필요하지 않다. 8번 배심원은 시끄러운 소리를 내는 폴터가이스트(Poltergeist)가 아니며 자기만 옳다고 생각하는 독선가도 아니다. 그는 상습적으로 뭐든 아는 척하는 사람도 아니다. 그저다른 이들이 옳다는 것을 확신하지 않을 뿐이다. 그는 다수가틀리지 않는다는 수의 법칙에 대한 자기 의심을 진지하게 받아들인다. 그리고 무리에서 벗어난 자신의 의견을 말로 표현하고 기록으로 남긴다.

의심은 부서지기 쉽고 연약하며 '확실'과 반대된다. 그러나 의심은 르네 데카르트 이후 서구 철학에서 상당한 진전을 이루었다. '방법론적 회의'와 함께 비판적 사고가 시작된다. 방법론적 회의는 독단주의로부터 (다른 말로 하면 군집 본능으로부터) 지켜 주며, 모든 자의식의 전제 조건이다. 회의 속에서 나는 바로 나 자신에게 의심을 품는 자가 되기 때문이다. "나는 의심한다, 그러므로 나는 존재한다."

무리는 집단이며 군중이다. 오직 의심만이 우리를 주권적 인간으로 만들며 개별화를 가능하게 한다.

아니라고 말하는 법을 배우자

"반항하는 인간이란 무엇인가? 아니라고 말하는 사람이다." 1951년에 출간된, 알베르 카뮈의 저명한 역사·철학 비평서는 이런 두 문장으로 시작한다. 이 책은 출간 즉시 제2차 세계 대전이라는 전체주의 경험에 대한 대답으로 이해되었다. 그러나 동시에 전쟁 이전과 이후의 다른 많은 이들처럼 한동안 그가 공산주의 유토피아에 걸었던, 카뮈 고유의 좌절된 희망에 대한 답이기도 했다.

카뮈의 《반항하는 인간(Mensch in der Revolte)》은 순수한 실존주의 이론의 이상을 노래하지 않는다. 이 책은 정치적, 역사적 봉화가 되었으며 뜨겁게 달궈진 전후 파리에 파란을 일으켰다. 《반항하는 인간》에서 "아니"라는 말은 그의 논쟁 상대이자 친구이며, 당시 열렬한 공산주의 공상가였던 장-폴 사르트르와의 최종적인 단절이었다. 마르크스주의자들은 인류가 역사의 특정 단계들을 넘어 사회주의적 낙원이 있는 방향으로 끊임없이 걸어간다고 본다. 하지만 카뮈는 이에 반대한다. 그는 역사가 단 하나의 불가피한 목적지만 알고 있다고 믿지 않았다. 또한 그는 지상 낙원을 믿지 않았다. 대신 그는 역사를 '반항의 연속'으로 보았다. 목적론적으로도, 목적을 안다고도 보지 않았다. 다만 역사는 반항하는 인간들에 의해 가동된다고 보았다.

영국의 작가 사라 베이크웰의 《실존주의자들의 카페(Das Café der Existenzialisten)》를 보면, 사르트르는 카뮈에게 크게 격분했다. 곧바로 그는 카뮈의 책을 비판하기로 마음먹었다. 그것도 자신이 창간자이자 편집장인 월간지 〈현대(Les Temps modernes, 레 탕 모데른)〉에서. 이에 카뮈는 사르트르에게 보내는 열일곱 쪽의 편지로 자신을 변론했다. 그러면서 평론가들에게 자신의 논지를 왜곡했다며 비난을 던졌다. "끊임없이 효용에 대한 훈계를 듣는 일에 나는 슬슬 신물이 나기 시작한다. 그리고 언제

나 시류를 따르는 비평가들에게도." 사르트르는 카뮈의 반박
서를 결별 선언으로 이해했다. 둘의 우정이 끝났다고 말이다.
그는 카뮈를 반혁명주의자라 불렀고, 화해는 불가능했다. 이
에 사르트르는 답을 하지만 옛 친구인 카뮈에게 어울리는 편
지는 더 이상 없었다.

카뮈의 "아니"라는 말은 내용적으로 사르트르의 논제와 결코
멀리 떨어져 있지 않다. 즉 1946년에 발표된 평론 《실존주의
는 휴머니즘이다(Der Existentialismus ist ein Humanismus)》에
서, 사르트르는 우리 인간이 "자유를 선고받은" 이유를 설명하
며 "만약 신이 없다면 인간의 행위를 정당화시켜 주는 가치나
질서를 우리는 어디에서도 찾지 못할 것이다. (…) 우리는 그
어떤 변명이나 핑계도 없이, 홀로 있기에 자유롭다"고 말한다.
아무런 가치나 규범 또는 순응이 없으므로, 우리는 자유롭도록
선고받은 존재다. 이는 "아니"라는 반항의 이면으로, 소속에 대
한 의존 없이 살기 시작해야 한다고 우리에게 강권한다. 실존
주의는 이탈자의 비애를 운명이자 기회로 삼으며 연명한다.

그러나 너무 늦었다. 카뮈는 "시류에 발을 들이고" 싶은 마음
이 더 이상 없었다. 그의 "아니"라는 거절은 기원이 어디이든

모든 순응주의자와 기회주의자에게 경계를 긋는다. 이는 모든 긍정에 불신한다. 긍정을 환영하는 모든 움직임을 불신한다.

실존주의적 거절의 "아니"를 월스트리트 점령 운동을 비롯해 멸종 저항이나 크베어뎅켄 운동에서 반란의 응원가로 울려 퍼지는 "분노하라" 같은 구호와 혼동해서는 안 된다. 둘의 차이는 명백하다. 실존주의적 "아니"는 개별화로 이끈다. 반면 "분노하라"는 구호는 새로운 부족주의로 이끈다. 그리고 구호는 순응의 길로 안내한다. 분노하는 이들은 집단 안에서 분노한다. 미래를 위한 금요일, 폐기다, 크베어뎅켄 711 등 집단들은 무리를 형성하며 친구와 적의 틀 안에 사로잡혀 산다. 한 개인으로서 이에 맞서 아니라고 말하는 사람은 개척자가 될 수도 있다. 물론 잘 풀린다면 말이다.

행동을 하지 않음으로 거절하는 "아니"는 때때로 아주 강력한 "아니"로 작용한다. 오스트리아의 농부이자 독실한 가톨릭 신자인 프란츠 예거슈테터는 다른 모든 이들이 동참하고 있음에도 손을 높이 들며 "하일 히틀러"라고 외치는 경례를 거부한다. 1943년 나치의 징집 명령을 받은 그는 군복무를 거부한다. 국가 '지도자'를 향한 충성 맹세 또한 하지 않는다. 매번 그가

하는 거절은 '행동하지 않는 것' 또는 '말하지 않는 것'이다. 이에 예거슈테터는 투옥되어 '국방력 와해'라는 죄목으로 단두대에서 처형된다. 2007년 가톨릭교회는 그를 나치 시절 교회에 충성한 순교자로 인정하며 성인으로 추대했다. 미국의 영화감독 테렌스 맬릭은 2020년 예거슈테터의 일대기를 감동적으로 담은, '히든 라이프(Ein verborgenes Leben)'라는 제목의 영화로 그에게 기념비를 세워 주었다.

물론 이런 본보기들을 보며 겁을 내거나 위축될 필요는 없다. 이를테면 "내가 여기 서 있나니, 나는 달리 어찌할 도리가 없습니다"라고 외친 마르틴 루터처럼 다소 비장하게 거부하는 이들 말이다. 마치 영웅처럼 실존주의적 높은 톤을 내는 사람의 경우, 그의 "아니"라는 거절은 언제나 예외적인 상황으로 여겨지며, 단지 그의 강한 천성으로 남고 만다. 그러면서 이는 동시에, 영웅이 아닌 우리 같은 소시민들은 들러리의 운명을 선고받았다는 변명이 되어 버린다.

내가 말하려는 거절은 이런 것이 아니다. "아니"라는 거절은 모든 것에 대한 근본적인 반대가 아니라, 구체적인 거절과 순응주의에 대한 거부를 뜻한다. 유행, 시류, 풍조, 인정이 약속된 온갖 적응 행동에 등을 돌리는 행위를 말한다. 거절은 (엄격한) 채식주의에 대한 강요를 겨누며, 도처에 퍼져 있는 신식민주의 클리셰를 향하고, 도널드 트럼프나 보리스 존슨 또는 독일을 위한 대안의 대표 알리체 바이델을 악으로 간주해야 한다는 강압을 겨냥한다. 하지만 더불어 "아니"라는 거절은 가족과 출신 환경처럼 복잡 미묘한 족쇄에도 해당된다. 그리고 거절은 주어진 환경을 벗어나서는 안 된다는 금지령도 겨눈다.

그럼에도 "아니"라고 말하기는 쉽지 않다. "예"라고 긍정하는 사람들은 "아니"라는 거절을 잘라 내고 그 안에서 머물기를 바란다. 거기서 차라리 순응주의자들과 한패가 되어 어울리길 원한다. 이는 훨씬 편하고, 아무런 비용도 들지 않으며, 집단 안에서 인정을 받기 때문이다. "아니라고 말하기는 어렵다. 이는 정체성 상실에 맞선 항의이며, 항의하는 자들의 정체성 자체를 위협하기 때문이다." 베를린의 종교철학자 클라우스 하인리히가 1964년에 펴낸, 제목부터 멋있는 저작 《아니라고 말하기의 어려움에 대한 시도(Versuch über die Schwierigkeit Nein zu sagen)》에는 이런 문장이 나온다. 더 이상 무엇과도 동일해질 수 없다는 두려움을 저자는 "이 시대의 가장 큰 두려움 중 하나"라고 본다.

베르톨트 브레히트의 1930년 교육극 〈예라고 말하는 사람 (Der Jasager)〉에는 "동의하는 일을 배우는 건 무엇보다 중요하다"라는 대사가 나온다. 이 작품은 집단의 대의를 위한 개인의 희생을 칭송하는, 일본의 한 가면극을 브레히트가 번안하고 각색한 학교 오페라다. 하나의 사회 공동체는 갈등 상황에서 개별 구성원들이 "전체를 위해 희생할" 준비가 되어 있을 때, 전체의 이해관계를 개별 이해관계보다 우위에 놓을 때 영구히 존속된다. 브레히트의 작품을 우리는 이렇게 해석할 수 있다. 이 오페라를 작곡한 쿠르트 바일은 "예라고 말하는 사람"이 배운 가치, 즉 "그가 동조하는 공동체 또는 사상을 위해 모든 결과를 받아들이는" 것을 중요시 여긴다. 카뮈와 브레히트는 반대 지점에 있다. 개인적으로 나는 카뮈를 더 선호한다.

당신이 보는 것과 아는 것을 분명하게 말하자

1978년 크리스마스가 지난 며칠 뒤, 포틀랜드로 향하던 유나이티드 항공 173편은 오리건 주 상공에서 곤경에 처했다. 착륙 직전 알 수 없는 이유로 착륙 장치가 내려지지 않자 기장은 포틀랜드 상공에서 비행기를 선회시켰고, 승무원들은 착륙 장치에 무슨 문제가 있으며 어떻게 고쳐야 하는지 알아내기 위해 정신없이 매달렸다. 그러던 중 기내 엔지니어는 연료가 슬슬 바닥날 거라 지적했다. 그러나 모두 착륙 장치에만 몰두했기 때문에 누구도 그의 말을 귀담아들으려 하지 않았다. 엔지니어 역시 연료 부족에 대한 경고를 충분히 명확하게 외치지 않았기 때문이기도 하다. 그로부터 얼마 뒤 엔지니어의 말대로 기체 연료가 바닥나 비행기가 추락해 10명이 사망했다.

캘리포니아 대학 버클리 캠퍼스에서 심리학을 가르치는 샬런 네메스는 2018년 펴낸 《반대의 놀라운 힘(In Defense of Troublemakers)》은 이 이야기로 시작된다. 유나이티드 항공 173편의 참사는 우리에게 쓸쓸한 일침을 가한다. 이따금 우리는 입을 잘 열지 못한다. 혹여 인간의 목숨이 왔다 갔다 하더라도. 이로부터 네메스는 사회적 임무를 이끌어낸다. '반대가 필요하다'고 말이다. 반대는 누군가 자신이 보는 것 또는 아는 것의 진실을 주장하는 행위다. 그를 제외하고는 아무도 이를 인지하지 않거나 이 앎을 공유하려 하지 않더라도.

유나이티드 항공 이야기는 사실 보다 복잡하다. 이 치명적인 불행은 치명적인 인식과 결부되어 있기 때문이다. 우리를 착각으로 이끄는 치명적인 인식은 유명한 착시 그림들을 떠올리게 한다. 모두가 하나의 주제에 고정되어 있기 때문에, 다른 중요한 주제들은 배경으로 밀려난다. 착시 그림 속에서 우리는 노파의 얼굴만을 보며 젊은 여인의 얼굴은 보지 못한다. 전체 승무원들은 비행기의 착륙 장치를 푸는 데에만 집중했다. 이로 인해 시간이 지연되며 등유 문제가 뒤따른다는 사실에 누구도 책임 의식을 느끼지 못했다. 단 한 사람도 느끼지 못했다고 말할 수는 없다. 포틀랜드 관제탑의 녹음 기록을 보면, 기체에 연료가 충분한지 묻는 질문이 있었다. 그러나 이 주제는 누구의 귀에도 들어가지 않았다. 감히 누구도 당장의 집중을 가로막을 수 없었으며, 이게 훨씬 더 절박한 위험이라 명명하지 못했기 때문이다.

이는 그저 말하기와 침묵하기의 차이가 아니다. 보통은 크게 말하기와 작게 말하기의 차이가 훨씬 더 결정적으로 작용한다. 왜냐하면 목소리가 큰 사람들은 내내 크게 말하고, 목소리가 작은 사람들은 과감히 크게 말할 시도를 좀처럼 하지 않기 때문이다. 이는 수의 법칙의 변종처럼 보이기도 한다. 목소리가 큰 사람들은 보다 중요한 주제들을 먼저 다루어야 한다고 요구하며, 목소리가 작은 사람들은 이를 믿는다. 후자는 심지어 자기 고유의 주제가 이보다 덜 중요하다고 생각한다.

유나이티드 항공 173편의 경우, 승무원들의 인식 속에 위험 원인으로 침투해 들어가지 못한 지식(연료의 부족)이 문제가 된다. 심리학자 솔로몬 애쉬의 동조 실험은 진실에 대해 확실히 보장된 인식이 무리 속 다수의 독재에 의해 희생되는 문제를 보여 준다. 집단 압력은 실험 참가자들이 둘 중에 더욱 긴 선분에 대한 자신의 인식을 버리고, 명백히 잘못된 주장을 자기 것으로 받아들이도록 만든다. 다른 식으로 표현하면 이런 말이 된다. 만약 다른 사람들이 틀리면, 아주 똑똑한 이들조차 X가 U라는 터무니없는 거짓으로 스스로를 속인다. 이들은 다른 사람들이 믿는 것을 믿으려 한다. 그러면서 그것에 진실이라는 값을 매긴다.

이는 한스 크리스티안 안데르센의 동화 《벌거벗은 임금님》을 떠올리게 한다. 임금님과 그의 백성들은 모두, 거기 없는 것을 보이는 척한다. 임금님이 자칭 걸치고 있다는 아름답고 호화로운 새 옷이 다들 보인다고 꾸며낸다. 강력한 권력자와 종속된 신하들 사이에, 서로를 속이는 자발적 동맹이 맺어진 것이다. 애쉬의 실험에서 다수가 틀렸음을 알면서도 이를 지적할 용기가 없었다고 말한 몇몇 참가자들처럼. 한편 다른 참가자들은 다수가 옳다는 주장에 설득당한다. 이들은 자기 암시적으로 정말 화려한 새 옷을 입은 임금님의 모습을 본 것만 같다. 오로지 어린아이만 속지 않으며, 많은 사람들이 본 것 그리고 그 외에 다른 이들이 의식에서 밀어낸 것을 크게 말한다. 임금님이 벌거벗고 있다고.

안데르센의 동화는 여러 관점에서 들여다볼 수 있는 실증적인 자료를 제공한다. 어른들(교육을 받은 사람들, 종속되어 있는 사람들, 출세주의자들)은 모두 각기 다른 이유로 진실을 말할 수 없거나 말하고 싶지 않은 반면, 순수한 아이는 진실에 놀라며 권력을 웃음거리로 만든다. 여기에 더해, 아이의 진실은 군중들 속에 퍼져 나가며 새로운 폭포를 만들어 낸다. 즉 카뮈가 말하는 반항이 도모되고 확산된다. 앞서 우리는 동조와 관련하여 확신의 폭포를 언급했다. 그러나 모든 폭포가 거짓의 폭포는 아니다. 아이가 작동시킨 순수의 폭포는 하나의 해방이다. 그럼에도 임금은 끝까지 모든 걸 완강히 부인하며, 그의 철저한 현실 부정은 결국 백성들로부터 더 이상 아무런 충성도 얻어 내지 못한다. 불충은 위험이 사라지는 한,

대중적 현상이 될 수 있다.

불충으로 가는 길을 모색하는 일환으로, 우리는 저항성을 강화시키도록 노력해야 한다. 다시 말해 X는 X이며 절대 U가 아니라고 주장할 수 있는 저항력을 키워야 한다. 이는 단순히 다수의 의견에 반대되는 주장을 내세우는 것이 아니라, 자기 고유의 지식과 인식에 충실하며 (우리가 잘못 이해하고 있는) 집단에 대한 충성을 따르지 않는 것이다. 물론 그러면 집단이 약속하는 따뜻한 소속감은 더욱 매혹적으로 느껴질지 모른다.

하지만 행동경제학자들은 너무 큰 희망은 위험하다며 경고한다. 이들의 실험은 '열두 명의 배심원들' 이야기와 전혀 다른 결과를 보여 준다. 벨파스트 대학교의 경제학자 앤서니 지겔메이어는 독일 본의 막스 플랑크 연구소 소장인 마티아스 수터와 함께, 무리 행동의 저항에 관한 실험을 진행했다. 실험의 설계는 다음과 같다. 실험실에 모인 대규모 집단 안에는 다른 이들보다 명백히 더 많은 정보를 가지고 있는 몇몇 사람들이 있다. 피고인 소년의 죄과에 의심을 가질 뿐 아니라 그의 무죄를 보장하는 확실한 지식이 있는, 혹여 저항이 있더라도 수월하게 벗어날 수 있을 법한 정보가 있는 8번 배심원 헨리 폰다처럼.

그러나 실험 결과는 앤서니 지겔메이어의 표현대로 다소 우울하다. 분명 훨씬 더 많은 정보를 제공 받은 데다 진실을 알고 있는 실험 대상자들은 다수의 무리에 감히 저항할 시도를 하지 못한다. 또한 예외적으로 진실을 과감히 말하는 경우에도, 이들의 의견에 동조하는 누군가는 좀처럼 발견되지 않는다.

행동학자들의 실험에서 대상자의 결정이 심지어 익명으로 진행되었다는 사실은 더욱더 우리를 우울하게 만든다. 익명으로 결정하면 무리에서 벗어나는 의견의 위험은 적어진다. 왜냐하면 집단 압력이 없으므로. 그러나 적응 행동에 영향력을 미칠 수 있는 요소가 완화된 익명의 환경에서도, 진실을 확실히 아는 이들은 자신이 아는 것을 쉽사리 말하지 못한다. 지겔메이어는 이런 결론을 내린다. 인간이 합리적으로 행동하도록 이끄는 것은 극도로 어렵다고. 우리 인간은 다수와의 연결을 잃지 않기 위해, 고유의 사적인 정보들을 신속히 제쳐 놓을 준비가 되어 있다. 설령 무리가 틀렸다는 것을 알더라도. 인간은 강력한 합의에 반대하기를 기꺼이 거부한다. 비록 그 합의가 틀렸다는 확신이 있더라도. 이는 동조, 순응의 비극이다.

그런다고 헨리 폰다가 맡은 8번 배심원이 할리우드 판타지로 바뀌는 것은 결코 아니다. 다만 그는 예외로 남는다. 우리는 이를 알아 두어야 한다. 하지만 그와 같은 경우가 예외적이라는 사실이, 단념의 근거가 되지는 않는다. 왜냐하면 충성과 순응의 압력을 돌파하거나 또는 적어도 약화시키는 다른 가능성들이 있기 때문이다. 그럼 어떤 것들이 있을까?

사람들이 비순응주의자가 되도록 가르치는 대신, 순응주의를 강요하는 주변 환경을 변화시키는 것이 어쩌면 더 간단할지 모른다. 경제학자들은 인간보다 제도를 바꾸는 것이 더욱 쉬울 거라 가정한다. 누군가는 이를 비관적으로 볼지 모른다. 하지만 현실적이라 부를 수도 있다. 제도는 인간에 의해 만들어졌으며, 마찬가지로 인간에 의해 변할 수도 있다. 또한 제도는 인간이 반응할 수 있는 좋은 자극 또는 나쁜 자극을 제공하기도 한다. 그러므로 환경을 바꾸면 당신은 충성의 다른 결말을 얻게 된다. 희망의 불씨는 그렇게 이어진다!

지금 우리는 충성이라는 함정에서 해방되는 올바른 길을 찾고 있다. 그럼 모범적인 해방이란 대체 무슨 뜻일까? 집단은 빈번히 잘못된 결정을 하므로(확신의 폭포, 집단 압력, 오래된 충성심) 개별 인간들이 그들의 생각과 행동을 집단과 별개로 결정 내릴 수 있는, 그들이 집단의 압력에 빠지지 않도록 만드는, 충분히 좋은 전제 조건이 마련되어야 한다. 각 개인은 타인의 결정에 되도록 영향을 적게 받아야 한다. 안 그러면 의식적으로 또는 무의식적으로 타인을 따르게 된다. 하지만 앞사람과 고립된 채 결정을 내리면, 뒷사람은 다양한 의견을 가지게 된다. 이런 다양성은 그저 맹목적으로 무리를 뒤따르지 않도록 보호해 준다. 무리가 아예 없기 때문이다.

위의 조언은 실험을 통해 증명된다. 실험 집단을 의도적으로 논쟁이 벌어지도록 (절반은 좌파 성향, 절반은 우파 성향으로) 구성하면, 평소 각 집단 안에서 관찰되는 극단주의의 소용돌이가 평준화된다. 다시 말하면 의견의 불일치, 집단 내부의 다양성은 집단 압력에 해독제가 된다는 뜻이다.

이로부터 우리는 민주주의와 열린 사회를 변론할 수 있다. 민주주의는 불충 자체를 제재하지 않으며, [권력 균형(Balance of Power)이라는 키워드에 따라] 불충에 대해 상당한 영예와 보답을 수여하는 정치 체제이기 때문이다. 예컨대 민주주의는 국회에서 통과된 법안이 기본법에 위반된다고 여겨질 경우, 헌법 재판소가 반대하며 권력을 견제하도록 되어 있다. 민주주의는 강한 유대가 아니라 약한 유대에 기대를 건다. 이는 인도적인 형태의 공동체화라고 할 수 있다.

예를 하나 들어 보자. 2020년 초 베를린 의회에서, 주택 소유자들의 자유로운 가격 책정을 금지하기 위해 제정한 임대료 상한법(Mietendeckel)은 시장 경제적 재산권과 헌법에 위배되는 징조들이 다수 보인다. 이 같은 법이 공포된 베를린의 이런저런 국회의원들은 혹여 뱃속이 편치 않더라도 받아들여야 한다. 국회에는 충성의 압력이 지배하고 있으며, 이를 소위 교섭 단체의 강제라 부른다. 이런 국회 내 압력은 개별 국회의원들이 다른 지식에 의거한 반대 의견을 내세우지 못하도록 한다. 한편 헌법 재판소 같은 독립 기관은 의회적인 다수의 동조 압력의 지배를 받지 않는다. 말하자면 억눌린 소수 또는 시민의 대변인이라 할 수 있다. 민주주의에서도 무리의 법칙은 유효하며, 이는 경쟁하고 견제하는 기관들을 통해 교정되어야 한다. 오스트리아 출신 영국 철학자 칼 포퍼는 전쟁 말기에, 언제든 가능한 부족주의로의 회귀에 대한 문명적 대안으로 열린 사회(민주주의, 법치 국가, 자유 시장)라는 개념을 칭송했다. 서문에서 포퍼는 "이 문명이 아직도 자기 출생의 트라우마를 극복하지 못한" 모습을 보여 주는 데 책의 목적이 있다고 적는다. 즉 마력에 지배당하는 부족 사회 또는 닫힌 사회 질서에서, 인간의 비판적 능력이 해방되는 열린 사회로 넘어가는 과정에서 여전히 트라우마에 시달린다는 것이다.

그러면 열린 사회의 적은 누구일까? 포퍼는 인간의 부족 본능을 국가주의나 전체주의 또는 공산주의 유토피아로 탈바꿈시키는 지식인들, 즉 '거짓 예언자들'을 꼽는다. 포퍼는 부족주의 사고로 회귀할 준비가 되어 있는 일련의 '예언적 철학자들'을 한데 묶어 동일시한다. 플라톤, 헤겔, 카를 마르크스, 이들은 그에게 최악의 예언자다.

불충에 상을 주는 자유 민주주의가 충성이 깔린 정치 체제(독재 정권, 비자유주의, 빅토르 오르반 등의 포퓰리즘적 민주주의)보다 우월하다는 역사적 증거가 있을까? 행동학자 캐스 선스타인은 이를 보여 주는 놀라운 예를 하나 꺼낸다. 그는 제2차 세계 대전에서 왜 독일이 아닌 미국이 이끄는 연합군이 승리했는지 질문하며 뜻밖의 지점에서 답을 찾는다. 미국이 참전하기 전, 독일은 미국인들에게는 그리 달갑지 않은 분석을 발표했다. 미국의 민주주의가 정치적으로 극도로 둔하여 전쟁을 성공적으로 이끌기에 적합하지 않을 거라고 독일은 추정했다. "신속하고 효율적인 국가 결정을 내릴 수 없으며, 다양한 목소리로 이루어진 사회가 고유의 제도를 방해하고, 이기적인 사적 이해관계로 자본주의가 마비될 거라"는 독일 정보기관의 보고를 선스타인은 인용한다. 이에 비해 독재는 확실한 장점이 있다고, 히틀러의 전략가들은 말했다. 위에서 아래로 전달하는 명료한 명령 체계. 그럼 위에서 결정된 것은 막힘없이 군림하며, 아래는 충성을 강요받게 된다. 민주주의와 독재의 차이에 대한 이런 추측은 그럴듯하며 수긍하기 결코 어렵지 않다. 여전히 오늘날에도 많은 사람들이 이에 동의할지 모른다. 그렇지 않다면 중국에 대한 두려움과 동시에 중국을 향한 경탄이 이토록 크지 않았을 것이다.

알다시피 예상과는 다른 일이 벌어졌다. 그리고 미국은 전쟁에서 이겼다. 비판과 반대를 장려하는 민주주의의 특징이 미국이 전쟁에서 성공을 거둘 수 있었던 비결일지 모른다. 독재에서는 비판을 기대할 수 없다. 지도자들조차 자신의 거짓말을 믿는다. 또한 대중은 이의를 제기하면 안 된다. 민주주의에서 공공 영역, 여러 정당, 매체들은 그들의 다른 지식 및 의견을 크게 표현하도록 장려된다. 그런다고 질책당하지 않으며 그래서도 안 된다.

몇몇 사람들은 안정적인 민주주의가, 특히 연방 민주주의 체제가 포퓰리스트들이 집권하고 있는 국가들보다 코로나 위기에 더욱 잘 대처했다 말한다. 비록 훨씬 많은 내부의 저항을 견뎌야 했지만 말이다. 다른 건 몰라도 자이르 보우소나루의 브라질이나 도널드 트럼프의 미국 또는 보리스 존슨의 영국이, 앙겔라 메르켈의 독일보다 한층 잘못 흘러갔음은 분명하다. 물론 미국과 영국도 민주주의 국가다. 하지만 그곳의 지도자들은 2020년 코로나 위기 속에서 포퓰리즘으로 기울었다. 2021년 1월 기준으로 영국은 코로나로 8만 7,000명이 사망했으며, 독일에서는 4만 5,000명이 목숨을 잃었다. 트럼프는 코로나 위험성의 진실에 대해 일찍이 알았다. 저널리스트 밥 우드워드가 《분노(Rage)》에서 밝혔듯이. 그러나 트럼프는 자칭, 미국 시민들을 공포에 빠트리고 싶지 않아서 입을 다물었다. 앙겔라 메르켈은 코로나 위기 초반부터 모든 지식과 정보를 널리 알리고 필요한 경우에 수정하는 전략을 취했다.

제도적으로 갖춰진 불충에 대한 요구는 (이른바 숙의 민주주의 내지는 심의 민주주의, 그리고 법치 국가) 무리 행동과 거짓 폭포가 이기지 않도록 개선책을 마련한다. 민주주의에서는 전시에도 공개적인 반론이 금지되지 않는다. "군집 본능, 집단 압력, 완고한 충성에 대한 기대는 모든 국가와 사회를 막론하고 동일하다"고 선스타인은 말한다. 그러나 민주주의는 반대에 대한 요구를 제도화하였다. 반면 독재는 반론을 억누른다.

이런 식의 민주주의 찬양은 과도한 걸까? 그럴지도 모른다. 결국 제2차 세계 대전의 승자들과 범죄적 독재 체제인 소련의 붉은 군대에 해당되는 이야기이니까. 그리고 싱가포르 같은 권위주의 체제들 또한 코로나 위기를 잘 헤쳐 나가지 않았던가. 그럼에도 우리는 거짓 폭포가 다수에게 무제한으로 흐르도록 자유로운 길을 허락하는, 포퓰리즘적 입헌 민주주의 법치 국가들을 단념해서는 안 된다. 우리는 이들이 필요하다. 제도적 뒷받침이 없으면 불충의 영웅은 아예 완전히 사라질 테니 말이다. 물론 민주주의 국가들이 순응의 덫으로부터 온전히 지켜주는 것은 아니다. 곧이어 우리는 이를 확인하게 될 것이다.

사람들이 말하도록 놔두자

에티엔 드 라 보에시는 오늘날 기억에서 거의 지워진 16세기

후반의 작가다. 프랑스 모럴리스트 미셸 드 몽테뉴는 1548년에 발표된 라 보에시의 《자발적 복종(Abhandlung über die freiwillige Knechtschaft)》에 크게 감탄하며, 저자를 개인적으로 알고 싶어 한다. 이로부터 시작된 두 사람의 긴밀한 우정은 라 보에시가 이른 죽음을 맞이할 때까지 내내 이어진다.

난폭한 전제 군주가 더 이상 살아 있지 않아도 그를 찬양할 정도로, 어떻게 군중은 마법에 걸리는 걸까? 네로의 죽음을 백성들은 슬퍼했다. 스탈린이 죽었을 때 인민들의 눈에선 눈물이 흘렀다. 이 모두는 이해하기 어렵다. 폭군으로부터의 해방은 원래 온 민중이 기쁨으로 축하해야 하는 일이기 때문이다.

'굴종의 독'은 어디에서 온 걸까? 라 보에시는 민주적인 통치자도 폭력적인 찬탈자나 권력이 보장된 세습 군주와 크게 다르지 않다고 본다. 모든 통치자들은 이른바 '위대함의 매력'을 이기지 못하며, 한 번 얻은 권력을 더 이상 내주지 않으려 한다. 민중의 선거 덕에 통치권을 얻은 민주적인 지도자도, 민중에게 빌린 권력을 붙잡으려 애쓰며 이어서 민중에게 맞선다. "민중은 자발적으로 족쇄를 채우며, 스스로 자기 목을 자른다. 명예를 위해 자유를 버린다."

그런데 민중을 굴종으로 더욱 이끄는 것은 폭력이 아니라 유혹이다. 라 보에시는 '유혹의 피리'라는 멋진 표현을 사용한다. 특히나 교묘한 유또는 민주적인 통치자들이 잘 구사하며, 유혹을 통해 자기 백성들의 종속과 애정을 확보한다. 그러면 유혹에 홀린 백성들은 자유를 희생할 준비마저 되어 있다. 유혹의 수단으로는 '유희'가 있으며, 하지만 그 무엇보다 통치자가 나누어 주는 물질적 호의는 백성의 환심을 강하게 끈다. "그렇게 이들은 어리석은 백성을 속인다." 통치자들은 '곡식과 술 그리고 돈'을 뿌리기도 한다. 그리고 이런 물질적 호의로 재선을 얻어 낸다.

16세기 프랑스 작가가 남긴 이 모두는 놀라울 정도로 현대성을 드러낸다. 결말은 불안하다. 포퓰리즘은 민주주의의 작동 사고가 아니며, 포퓰리즘의 본질과 민주주의는 상당 부분 일치한다. 민주적 포퓰리즘, 즉 '비자유' 민주주의는 법치의 가장 큰 적이다. 왜냐하면 전복을 위해 폭력적인 모반자들을 동원할 필요가 없기 때문이다. 부족 집단에 소속되는 경험을 제공하고 또 무리의 우두머리에게 권위를 부여하는, 충성이라는 두터운 접착제만으로 충분하다.

충성의 유대는 벗어나기가 무척 어렵다. 그럼에도 에티엔 드라 보에시는 운명론자가 아니다. 그는 인간이 자신의 자유권을 누군가 사들이도록 마냥 허락하는 존재라 믿지 않는다. 인간에게 소중한 재산과 다름없는 자유를 우리가 얻을 수 있다고 그는 믿는다. 자유를 얻기 위한 그의 실천적 명령은 다음과 같다. 포퓰리스트에게 복종하기를 멈추어라. 자유로워지려는 열망을 품어라. 자발적으로 민중의 지도자에게 노예로 머물기로 한, 기존의 동의를 도로 회수하여라. 그를 찌를 필요도 없으며, 뒤엎을 필요도 없다. 오로지 그를 지지하지 않는 것만으로 족하다. 라 보에시는 이를 '무언의 거절'이라 칭한다. 신앙심이 깊은 사람이었던 그는 신에게 희망을 걸었다. 불쾌하기만 한 포악한 전제 정치에는 아무것도 기대하지 않았다. 그리고 그는 신이 폭군과 그의 공범들을 위해 특별한 고통을 아껴두고 있다 믿으며 스스로를 위로했다.

그러면 민중의 불충을 정당화시키는 곳은 어디일까? 16세기의 작가에게는 종교적 정당성이 있었다. 이는 오늘날의 우리에게는 더 이상 유효하지 않다. 그럼 지금 우리가 '무언의 거절'을 고무하려면, 무엇을 내세워야 할까? 또한 충성으로부터 해방이 다시 새로운 충성의 대가로 치러지는 것을, 우리는 어떻게 막을 수 있을까? 즉 대다수 불충의 운명은 배신자로 끝나며, (전형적인 전향자 또는 개종자들처럼) 결국 새로운 다른 집단에서 이전과 마찬가지로 굴복의 압박에 처하기 때문이다. 그러면 충성과 배제의 불행한 상관관계는 제자리로 돌아오며, 그저 무대 배경만 바뀔 뿐이다.

알프레드 드레퓌스가 끝내 사면되도록 작가 에밀 졸라와 함께 애쓴, 이로 인해 군대에서 쫓겨나고 수감되는 프랑스 장교 마리-조르주 피카르는 "나는 오직 내 양심을 따른다"고 말한다. 이처럼 양심은 강력한 명령이다. 양심을 내세우는 인간은 고통, 박해, 추방 그리고 죽음까지 감수할 준비가 되어 있다. 16세기 작가에게 종교가 있었다면 오늘날에는 양심이 불충을 정당화할 수 있을지 모른다. 무언의 거절은 양심과도 관련이 있다.

1944년 7월 20일의 암살 시도자들, 다시 말해 한때 히틀러에게 무조건적인 충성을 맹세했던 군 장교들은 폭군 살해의 정당성을 양심의 명령에 호소했다. "이제 무언가를 해야 할 시간이다." 그날 7월 20일, 폭탄이 든 서류 가방을 총통 본부의 회의실에 놓고 나온 클라우스 폰 슈타우펜베르크 백작은 말했다. "물론 그 무언가를 감행하는 자는 그가 독일 역사에서 배신자로 기록되리라는 사실을 분명히 알고 있어야 한다. 그러나 그 행위를 중단하면, 그는 자기 양심의 배신자가 될 것이다.”

지금까지 우리가 살펴보았듯, 배신은 언제나 낙인을 찍으며 불충은 낙인을 안고 살아야 한다. 하지만 충성을 맹세했던 대상에게 하는 모든 반역적 불충 행위보다, 고유의 양심을 배신하는 것이 더 가혹하다. 자기 자신을 배신하는 것은 분열적 삶을 의미한다. 적어도, 자신의 지난 생을 부정하는 태도다.

그럼 양심의 목소리는 충성이라는 함정에서 벗어나게 해 줄까? 이 책에서 나는 너무 무비판적인 양심에 대한 호소를 경고한 바 있다. 보통 내면의 목소리이자 반드시 따라야 하는 내면의 명령으로 이해되는 양심은 최소 세 가지의 위험에 직면하기 때문이다. (1) 양심은 주관적 재량이라는 의심에서 절대 벗어나지 못한다. (2) 양심 뒤에는 주어진 규범으로 인한 타율이 드물지 않게 숨어 있다. 그러니까 자율에 반대되는 것 말이다. (3) 양심에 대한 호소로 기회주의적 긍정은 쉽게 정당화될 수 있다. 다음은 이 세가지에 대한 간략한 설명이다.

(1) 슈타우펜베르크가 내세운 ‘양심의 명령’은 단지 주관적 판

단이 아니라, 법과 도덕의 전통에 호소하는 태도였다. 즉 범죄적 체제 안에서 폭군을 살해하는 행위는 단순히 허용되는 데서 그치지 않고 심지어 요구된다는 전통에 기반을 둔다. 그러므로 양심은 즉흥적이고 자의적인 독단의 반대다. 말하자면 양심은 법과 도덕에 대한 확고한 신념과 연계된 현재의 기억이다. 자기 내면에만 질문을 던지는 사람은 아무것도 듣지 못한다. "내가 여기 서 있나니, 나는 달리 어찌할 도리가 없습니다"는 양심의 결정을 드러내는 표현이 아니라, 법과 도덕을 통해 형성된 권장 행위를 고수하겠다는, 경험에서 우러난 완고함의 표현이다.

(2) 그러면 양심은 생의 초기에 내면화된, 사회 전반에 형성된 도덕적·법적 표상에 지나지 않는다. 지그문트 프로이트가 초자아(Über-Ich)라 칭한 정신의 한 측면 말이다. "초자아는 자아(Ich)를 관찰하고 명령을 내리며, 방향을 정하고 죄책감 같은 처벌로 자아를 위협하기도 한다"고 프로이트는 말한다. 따라서 양심은 실제로 '내면의 목소리'이긴 하지만 '나'의 목소리인지는 아직 확실하지 않다. 삶과 행위에 대해 분명히 의식하는 독립체인 자아에게, 양심이라는 초자아의 작업은 쉽게 받아들여지지 않는다. 즉 인간이 무엇을 해야 하고 무엇을 하지

말아야 하는지에 관한 요구와 기대가, 이에 빈번히 역행하는 고유의 바람과 충동, 그리고 욕망과 한데 묶이는 것이다. 간단히 말해서 양심은 충성의 강력한 결속력에 맞설 만능 무기는 아니라는 뜻이다.

(3) 마지막으로 양심은 좀처럼 믿을 수가 없다. 그저 온갖 더러운 행위의 사후 합리화인지 게으른 타협인지 말이다. 프랑스의 극작가 몰리에르는 일찍이 《타르튀프(Tartuffe)》에서 양심의 호소가 위선자들의 교묘한 책략으로 사용되는 실상을 폭로한다. "인간의 양심은 아주 유연하다/그 안에선 언제나 타협의 길이 발견된다/또한 인간은 양심을 가지고 악행의 비열함을 쉽게 정당화한다/자신의 고귀한 목적으로 그리고 의지의 순수함으로."

이런 제한과 위험은 반드시 머릿속에 새겨야 한다. 이들은 우리가 양심을 충성의 끈끈함에 맞설 보편적 용매로, 시장에 함부로 내놓지 않도록 경고하기 때문이다. 하지만 철학자 주디스 슈클라의 말처럼, 이는 불충으로 가는 길목에서 일종의 협력자인 양심을 완전히 포기할 이유가 되지는 않는다. 너무 높이 매달아 놓지만 않으면 된다. 양심이 (1) 주관적 재량에 그치거나 (2) 자율이 아닌 익숙하게 전달된 타율이거나 (3) 기회주의적 긍정을 정당화하는 등의 위험에도 불구하고, 비축된 완고함을 잘 유지하도록 떠받치기 때문이다. 양심은 충성의 인력(引力)에 맞서는 협력자로 머물며 '무언의 거절'을 지원하는 내적인 힘으로 작용한다. 다시 몰리에르가 나온다. "우리는 법과 관습에 따라 살아야 한다. 사람들은 자기가 원하는 것을 말해야 한다."

"사람들이 말하도록 놔두자." 따라서 우리는 이런 특별한 조언을 가지고, 조금 고상하게 불충으로 가는 길을 모색하려 한다. 우리는 이 같은 말을 쉽게 한다. 사람들이 말하는 것에 늘 좌우되는 당사자들도 그렇다. "사람들이 말하도록 놔두자"라는 말은 사회적 담화에서 벗어나, 그저 원하는 것을 말하게 하자는 경솔한 허가를 뜻하지 않는다. 그러면 이는 사람들이 스스로 충분히 깨달은 것을 말할 수 있는 권한을 무시하는 행위가 된다.

사람들이 말할지 모를 걱정과 불안을 떠올려 보자. 에르노가 부모의 집에서 느꼈던, 그의 인생을 따라다닌 불안한 질문들은 불행과 부자유, 사회적 계급에 갇히는 원인이었다. "사람들이 말하도록 놔두자. 그리고 너의 일을 해라"라는 부름은 다소

가볍게 다가올 수도 있다. 하지만 이 외침은 핵심으로 이끈다. 자기 양심의 목소리가 스스로를 향한 충성의 변호인이 되도록, 다른 이들을 향한 충성의 의무를 날카롭게 지적하도록. 그러면 불충과 배신으로 인한 양심의 가책은 자기 고유의 길을 걸어가게 하는 선한 양심이 될 것이다.

일찍이 칸트는 주류로부터 독립하려면 용기가 필요하다는 사실을 알렸다. 계몽주의자가 오로지 진실이라는 가치만 다루었다면 "너의 판단력을 사용해라" 정도만 말해도 충분했을 것이다. 그가 남긴 표어들 "감히 알고자 하라(Sapere aude, 사페레 아우데)", "너 자신의 이성을 사용할 용기를 가져라" 등은 고유의 이성을 사용하는 것이 용기가 필요할 정도로 위험과 연결된 일임을 분명히 보여 준다. 왜 그럴까? 수치, 배신, 자기 의심, 그리고 소속의 유혹 또는 충성의 무기들이며, 이에 맞서 대항하려면 힘이 필요하다. 탕자는 사실 강한 인물이었다. 무릎을 꺾고 되돌아오기 전까지만 해도.

그런 강력한 힘은 어디에 있는 걸까? 나는 스스로 규칙을 세우는 자율과 한번 선택한 자율의 태도에 대한 자신의 고집과 가정, 결론을 초지일관 유지하며 버티는 데 충성에 맞설 힘이 있다고 생각한다. 덧붙이자면 배제됨을 자랑스럽게 견디는 상태, 즉 괴로움에 시달리는 외로운 반항에 내리 머물지 않고, 스스로 획득한 성숙함에 대한 자부심으로 옮겨진 상태 속에 저항의 힘이 있다.

이때 우리는 고집스러운 자율의 경험이 주는 낭만적인 고양을 주의하고 경계해야 한다. 성숙은 먼저 불충과 배신자라는 낙인을 겪은 다음에서야 뒤따르는 것으로, 배제의 이런 부정적 감정을 경험하지 않으면 성숙은 없다. 그러나 성숙은 해방의 전제 조건이기도 하며, 해방에 담긴 부정적이고 반사회적인 의미를 사라지게 한다. 자율의 경험을 통한 성숙은 창의성의 원천이 될 수도 있으며, 창의성은 오늘날보다 고대에 보다많이 주목을 받았던 자산이다. 우리가 이미 살펴보았듯이 동화 속에서도 불충은 끝내 새로운 결속과 연대라는 경험으로 이끈다.

하지만 배제와 직면하지 않고 해방을 얻을 수 없다. 새로운 부족 사고 및 부족 행동이 뜻 맞는 이들로 구성된 집단의 따뜻한 불을 보장한다면, 그리고 이런 집단들이 극단으로 치닫는 경향을 보인다면, 불충은 단지 포퓰리즘을 향한 반대뿐 아니라 자율로 가는 일관되고 확고한 길을 필요로 한다. 모든 전향자와 개종자에게 곧바로 다시 새로운 집단에 합류해 어울리는 것은 아주 매혹적이다. 그로 인해 많은 이들을 잃을 수 있다.

인간은 사회적인 동물이다. 팀워크, 즉 협동 작업이 개별 작업보다 더 뛰어나다, 이런 흔한 말들을 감안하면 사실 불충은 그리 대중적이지 않은 말로 들린다. 그러나 팀워크와 집단 또한 단점들이 있다. 말하자면 이들은 충성의 위험한 부작용이다. 집단의 충성에서 자유로워지고 싶은 사람은 자기중심적인 경험을 피해서는 안 된다. 무리에서 벗어난 의견이나 태도를 고수해 고립되더라도, 다음 기회에 즉각 다시 무릎을 꺾지 않아야 한다. 또한 우리는 다음의 말들을 과장해서는 안 된다. '누구도 혼자서는 살 수 없다, 부부나 연인 사이에도 타협은 필수다, 온전히 혼자 살려는 사람은 아무도 없다, 혼자 사는 인간은 병든다.' 하지만 스스로를 온전히 부족 집단의 일원으로 정의 내려도 병이 난다. 타율에 이끌리고, 친구와 적의 구별이 고착되며, 극단주의에 빠지기 쉽다.

작별을 고하자
자유롭고 예측 불가능한 상태로 머물자
당신 자신이 되자!

1969년 6월 영국의 작가 그레이엄 그린은 함부르크 대학에서 셰익스피어 상을 수상했다. 당시 그린은 유명한 사람이었다. 오늘날까지도 그는 노벨 문학상 후보에 가장 많이 지명된 작가로 꼽힌다. 그러나 그는 이 상을 한 번도 받지 못했다. 스물둘에 가톨릭 신자가 된 그린은 엄청나게 활발한 작품 활동을 했으며, 그의 소설 대부분은 영화로 만들어졌고, 독일에서도 상당히 폭넓은 독자층을 가지고 있었다.

간단히 말하면, 1969년에 그린은 자기 커리어에서 거의 모든 걸 성취한 단계에 도달해 있었다. 셰익스피어 상의 수상 소감에서 그는 '불충의 미덕'이라는 주제를 꺼냈다. 그런 까닭에 이 연설은 하나의 도발이었다. 거기서 그린은 세계 문학의 거장인 윌리엄 셰익스피어를 기득권층 작가로 분류했다. 다시 말해 국가를 향한 충성에 긍정하는 이들의 대리인이라 여기며, 그린은 그런 충성에 염증이 난다고 했다. 셰익스피어 대신 그린은 로버트 사우스웰에게 찬사를 보냈다.

청중 가운데 셰익스피어와 동시대를 산 사우스웰에 대해 한 번이라도 들어 본 사람은 극히 일부였을 것이다. 가톨릭 신자이자 예수회 신부로서 박해와 고문을 당하며, 반역죄로 사형을 선고 받은 사우스웰은 감옥에서 다량의 종교적인 시를 썼다. 사우스웰의 시에는 국교로 수립된 성공회에 반하는 그의 완고함이 담겨 있었다. 이처럼 "가련한 세상의 평온을 깨트리는 말썽꾼"의 대열에 그린은 사우스웰 외에 에밀 졸라와 단테, 그리고 샤를 보들레르도 포함시켰다. 하지만 주류이자 기득권인 셰익스피어는 아니었다. 그린은 그저 정중하면서도 반어적인 표현으로 셰익스피어를 인정했다. 그가 더 오래 살았다면, 끝내 그는 틀림없이 불충한 자들의 편에 섰을 것이라며.

변증법을 동반한 그린의 무엄한 언행(불충)은 그가 방금 수락한 상에 붙은 이름의 당사자를 향해 문제를 제기하고, 도덕적인 이유로 셰익스피어를 뛰어나다 여긴 거대한 작가 집단을 들이받는 행위였다. 그린이 영웅으로 치켜세운 이들은 평화를 교란한 방해꾼들이다. 왜냐하면 이들은 집단이나 국가가 규정한 합의를 어지럽히기 때문이다. 더불어 그린은 이런 발언도 한다. 국가는 야유나 불만의 소리에 관심이 없으며, 파시스트나 공산주의자 또는 '교황주의자'들에게 떠받들어지는 걸 선호한다. 그러려면 충성이 필요하다. 국가는 충성을 미덕으로서 칭송하는 데 가장 큰 관심이 있다. 충성은 국가의 권력을 안정적으로 유지시키기 때문이다. 그리고 명예와 상("여기 이 상도 마찬가지로")은 무엇보다 불충을 묻어 버리고 없애려는 목적을 추구한다. 충성의 유혹은 다양하다.

충성의 마력을 바탕으로 그린은 불충으로 가는 소소한 행동 지침을 이끌어 낸다. 여기서 우리는 그의 가르침을 따라 볼까 한다. 가장 중요한 기본 원칙은 다음과 같다. 아드보카투스 디아볼리, 즉 악마의 변호인 자리를 마다하지 말고 받아들이자! 예측 불가능한 상태로 머물자! 반대 입장을 취하자! 구체적으로 그린은 가톨릭 사회에서는 개신교 신자처럼, 개신교 사회에서는 가톨릭 신자처럼 살아야 하며, 공산주의 사회에서는 자본가처럼, 자본주의 사회에서는 공산주의자처럼 살아야 한다고 말한다. 언제든 자리를 바꿀 준비가 되어 있어야 한다고 말이다.

그린은 희생자의 위치를 차지하라고 권한다. 하지만 그러면서 위치가 언제든 달라질 수 있음을 명심하고, 누가 희생자인지 늘 주시하라고 조언한다. "충성은 널리 퍼진 의견을 받아들이길 요구하며, 반대자들에 대한 이해를 금한다. 불충은 당신이 전혀 인간답지 않은 이방인이 되도록 고무한다. 이는 당신에게, 자신만의 이해 능력을 부여한다." 악마의 변호인은 가톨릭교회의 성인 추대 과정에서 비롯된 개념으로, 성인으로 추천된 인물의 맞은편에 서서 회의적인 의견과 근거를 제시하며 시성, 즉 성인 반열에 오르는 것을 막는 직책을 칭한다.

하지만 결국 그의 목적은 철저한 검증이다. 가장 강력한 반대자인 악마의 변호인이 제기하는 모든 반론을 무사히 방어하면, 추천 인물은 성인으로 추대되기에 적합하다는 뜻이 되므로. 조직심리학에서는 집단의 창의성을 향상시켜 혁신이라는 목적을 실현하기 위해, 악마의 변호인 제도를 의사 결정 과정에 도입하기도 했다. 집단 내부에 단 하나의 반대자만 있어도 창의적인 사고를 활성화시키기에 충분하다 생각했기 때문이다. 그러나 이는 제도의 본질을 간과한 것일지 모른다. 아드보카투스 디아볼리가 다수의 옳음을 증명하기 위한 역할로서 수단이 되어 버리는 심각한 상황을 소홀히 한 것이다.

그러므로 악마의 변호인이 되라는 조언은 반대 입장을 취하되, 역할 놀이 이상의 역할을 맡아야 한다는 뜻이다. 스스로 악마의 변호인을 자처하며 이를 진지하게 받아들여야 한다.

그렇지 않으면 반대자를 조롱거리에 내맡기게 된다. 하지만 동시에 이 조언은 이점도 있다. 즉 개종자 및 변절자 증후군을 피할 수 있으며, 아니면 적어도 이에 잘 대비할 수 있게 한다. 새로운 집단에 다시 충성스레 매달리면서 해방 지향적 힘을 얻는 불충은 결국 자기 부정의 소용돌이에서 빠져나오지 못하기 때문이다.

그리고 마침내, 희생자가 달라진다는 그레이엄 그린의 말은 정당한 평가를 받는다. 망명자 처지에서 동독으로 돌아온 공산주의자들은 여전히 스스로 희생자라 믿었다. 그러면서 그들은 이미 오래전부터 국가 안에서 권력을 넘겨받고, 다른 이들을 피해자로 만드는 가해자가 되어 있었다. "나이든 백인 남성들"은 오늘날 그들의 반대편에 있는 이들(이를테면 "젊은 유색 여성들")에게 마치 가해자처럼 취급된다. 따라서 피해자의 변호인이 되고 싶은 사람은 인간의 다양한 "피해자화"를 경계해야 한다.

진중하게 반대 입장을 취하라는 호소는 위험과 연관되어 있으며, 모험을 뜻하기도 한다. 조금만 구체적으로 들여다보면 이게 무슨 의미인지 쉽게 설명된다. 예컨대 모든 정당들이 독일의 한 극우 정당 '독일을 위한 대안'(AfD)을 악마화하며 소속의원이나 당원들을 나치와 비교한다면, 이는 AfD를 받아들이는 입장을 취하는 위험을 감수하는 것과 다름없다. 여기에는 한편으로 AfD에게 이슈가 독점되는 위험이 숨어 있으며, 동시에 캔슬 컬처처럼 AfD가 주류에서 아예 걸러지는 위험도 도사리고 있기 때문이다. 문화적으로 우세한 좌파 엘리트들이 그들의 입장과 반대되는 대상을 취소하고 삭제해 버리는 이 처벌은 자칫 무자비할 수 있다. 이와 관련된 사례로 앞서 우리는 작가 텔캄프와 클리베르크에 대해 이야기했다.

두 번째 위험도 있다. 반대 입장을 취하라는 주문은 마치 자동적으로 논쟁을 일으키라는 말처럼 들린다. 하지만 결코 그런 뜻이 아니다. "핵심은 거기에 반대하는 것", 극우 집단들의 이런 기본 원칙은 소위 지식인인 척하는 사람들의 공구 상자에 들어 있는 도구이며, 이들의 '반대를 위한 반대'는 사회를 피곤하게 만들 뿐이라고, 철학자 페트라 게링은 비난한다. 어쩌면 그녀의 말이 옳을지 모른다.

우리가 말하는 '반대자(Dissident)'는 라틴어 어원에 담겨 있듯, 단순히 '변절자'나 '배신자'가 아니다. 반대자를 변절이나 배신 아니면 불충으로 칭하는 이는 반대자를 배신자로 추방하고 도덕적으로 말살시키는, 충성을 기대하는 집단의 관점을 제 것으로 만들어 버린 사람이다. 20세기 반대자들 가운데 가장 저명한 인물 중 하나인, 체코슬로바키아의 초대 대통령 바츨라프 하벨은 이와 달리 반대자를 "진실 속에서 살기로 결심한" 사람이라 칭한다. 그러면 반대 행위는 자기 자신으로 돌아오는 실존주의적 결단이 되며, 이는 자기 자신으로부터 멀어지는 이탈과 완전히 반대가 된다. 반대자, 즉 반체제자인 하벨은 자신이 행해야 한다고 믿은 대로 행동한다. 그는 오로지 자기 사고의, 행동의, 일의 내적 논리를 따른다. 이로 인해 반대자는 전문적인 불평불만자와 정반대가 된다.

지금까지 살펴보았듯이, 반대자는 자신이 이상화시킨 대상을 부술 힘을 스스로 조달해야 한다. 지난 장들을 통해 밝혀졌듯 충성은 생의 이른 시기에 획득한 신념과의 내적 결합이며, 이 신념을 저버리는 행위는 고유의 이상에 대한 배신을 뜻할 수 있다. 그러므로 이러한 이상화와 작별을 하는 것이 불충으로 가는 이의 임무이다. 작별이 잘 이루어진다면, 출신과 완전히 단절하지도 배신자 상태로 머물지도 않으면서, 자기 고유의 길을 오롯이 가는 경험이 가능할지도 모른다.

우리는 이를 화해라고 부를 수도 있다. 그리고 멘토와 사회적 대부는 화해에 큰 도움을 준다. 이들은 두 세계 사이에서 중재자 역할을 하기 때문이다. 화해를 기대하며 직접 중재자 역할을 맡는다면, 보다 많은 사람들이 자율을 향해 발을 내딛을 준비가 갖춰질지 모른다. 모든 작별이 그러하듯 이 또한 슬픔 없이 진행되지는 않는다. 탈이상화는 분명 쓰디쓴 상실이기 때문이다. 이는 가족처럼 나고 자란 출신 환경과의 이별에도 해당되며, 마찬가지로 그리스도교나 공산주의, 자본주의 또는 그 외에 다른 모든 신념과의 작별에도 해당된다.

불충의 다른 표현이기도 한 자유는 자기 스스로 결정하고, 자기 결정적으로 행동하고, 또 타율적 결정을 허락하지 않는 능력과 다름없다. 이를 우리는 자율이라 칭할 수도 있다. 다시 말해 타인의 구속을 받지 않고 자기 자신의 주인이 되는 것이다. "선악과를 맛본 이들은 에덴동산을 잃는다." 그러면서 칼 포퍼는 "우리가 부족주의의 영웅적 시대로 돌아가려 하면 할수록, 우리는 종교 재판과 비밀경찰 그리고 낭만화된 깡패 행위로 더욱더 확실히 다다르게 된다"고 말한다. 새로운 부족주의는 이를 경험하게 될 것이다. 사실 새로 등장한 부족주의는 전혀 새롭지 않다. 부족의 마력은 대단하며, 오늘날까지의 문명화 과정도 이를 아직 극복하지 못했으므로. 부족주의가 지닌 마법 같은 힘은 결코 극복될 수 없는 것이기 때문이다. 충성의 매력적인 유혹은 굳건히 유지된다.

그러나 다른 한편으로 개인의 일생을 종합해서 보면, 부족에서 벗어남으로 얻어지는 유익이 분명 있다. 우리 이를 자기 결정이라 부르자. 철학자 페터 비에리가 정의하듯 우리의 사고와 감정, 그리고 소망이 한데 일치하는 삶, 내가 내 인생의 주체가 되는 자기 결정적인 삶을 얻게 된다. 우리는 꼭두각시가 되길 바라지 않으며, 타인의 이해관계에 휘둘리는 공도, 집단 압력의 도구도 되고 싶지 않다.

우리는 충성을 미덕으로 바라보는 상태에서 벗어나야 한다고, 마크 트웨인은 말한다. "이는 독립을 낳을 것이다. 독립은 자기 최고의 자아와 원칙들을 향해 충성하며, 일반적인 우상과 미신에는 대개 충성하지 않는다." 마크 트웨인의 명언은 이 책을 가장 간결하게 정리한 요약문이라 할 수 있다. 살면서 획득한 이상과 우상, 그리고 미신이 아닌 '자기 자신'을 향한 충성은 최고의 가치이며 이것 없이는 정체성과 자기 결정, 자율도 가능하지 않다.

감사의 말

이 책 《충성이라는 함정》은 내 기준으로 비교적 오랫동안 작업한 책이다. 우리 〈프랑크푸르터 알게마이네 존탁스차이퉁 (Frankfurter Allgemeine Sonntagszeitung, FAS)〉의 경제부는 사회적 이동성을 가로막는 심리적 장애물에 대한 논의를 이미 새 천 년 이후부터 활발하게 이끌어 왔다. 2018년 우리는 프라이부르크에 있는 발터 오이켄 연구소에서 충성을 주제로 하는 학술 대회를 열기도 했다. 먼저 라스 펠트와 폴커 리블레에게 특별한 감사를 표하고 싶다. 더불어 나의 글에 격려와 자극이 되고, 논쟁적인 토론에 도움을 준 많은 이들에게 고마움을 전하려 한다. 틸만 알레르트, 한스외르크 베커, 하인츠 부데, 옌스 데닝, 브리타 에게테마이어, 페트라 게링, 옌스 하케, 울라 한, 미하엘 클리베르크, 마티아스 란트베르, 슈테판 레버르트, 하르트무트 렙핀, 울프 포샤르트, 안드레아스 뢰더, 다니엘라 베버-레이, 카린 빌란트, 루드거 뵈스만, 앤서니 지겔메이어. 끝으로 파트릭 베르나우와 이름가르트 베츨러는 감사하게도 전체 원고를 세심히 비판적으로 읽어 주었다.

2021년 1월, 프랑크푸르트 암 마인

라이너 한크

참고 문헌

| 1장. 집단 |

충성의 개념과 연구사에 대한 개론적인 내용은 스탠포드 대학교의 온라인 백과사전을 추천한다. https://plato.stanford.edu/entries/loyalty/ 여기에 가면 보다 많은 참고 문헌들이 있으며, 물론 부담스러울 정도로 방대한 분량은 아니다. 앨버트 O. 허시먼(Albert O. Hirschman)의 고전은 중요한 서적이다. 《이탈, 목소리, 충성. 퇴보하는 기업, 조직, 국가에 대한 반응(Exit, Voice, and Loyalty. Responses to Decline in Firms, Organizations and States)》, Harvard University Press, Cambridge, 1970.

리처드 로티(Richard Rorty), '확장된 충성의 정당성(Gerechtigkeit als erweiterte Loyalität)', 《철학과 미래(Philosophie & die Zukunft)》 중, Fischer Taschenbuch Verlag, Frankfurt am Main, 2000, 79-100쪽.

카를 슈미트(Carl Schmitt), 《정치적인 것의 개념(Der Begriff des Politischen)》, 제9판, Duncker & Humblot, Berlin, 2015. 친구와 적의 구별을 체계화한 고전이다.

카를로 스트렝거(Carlo Strenger), 《망할 자유주의 엘리트들. 그들은 누구이며 우리는 왜 그들이 필요한가(Diese verdammten liberalen Eliten. Wer sie sind und warum wir sie brauchen)》, Suhrkamp, Berlin, 2019.

에이미 추아(Amy Chua), 《정치적 부족주의. 집단 본능과 국가의 운명(Political Tribes. Group Instinct and the Fate of Nations)》, Penguin Press, New York, 2019.

한스 페터 한(Hans Peter Hahn), 《민족학 개론(Ethnologie. Eine Einführung)》, Suhrkamp, Berlin, 2013. 오늘날의 민족학에서 "부족"이나 "씨족"의 개념을 신중히 사용하는 이유를 상세히 알려 준다.

니콜라스 크리스타키스(Nicholas Christakis), 《블루프린트. 우리의 유전자는 어떻게 사회적 공동생활에 영향을 끼쳤나(Blueprint. Wie unsere Gene das gesellschaftliche Zusammenleben prägen)》, S. Fischer, Frankfurt am Main, 2019.

솔로몬 애쉬(Solomon Asch)의 유명한 실험은 여기에서 다시 살펴볼 수 있다. '집단 압력이 판단의 수정 및 왜곡에 미치는 영향(Effects of group pressure upon the modification and distortion of judgment)', H. 게츠코브(H. Guetzkow) 편저, 《집단, 리더십, 그리고 개인(Groups, leadership and men)》 중, Carnegie Press, Pittsburgh, PA, 1951.

캐스 선스타인(Cass Sunstein), 《동조. 사회적 영향의 힘(Conformity. The Power of Social Influences)》, New York University Press, New York, 2019. 독일어 버전, 《레밍 법칙(Das Lemming-Prinzip)》, FinanzBuch Verlag, München, 2020. 행동경제학의 거장인 선스타인은 [2009년에 리처드 탈러(Richard Thaler)와 함께 《넛지(Nudge)》를 집필하기도 했다] 수많은 실험을 바탕으로 집단이 개인에게 무엇을 가하는지, 동조 압력이 어떻게 작동하는지를 자세히 소개한다.

토마스 바우어(Thomas Bauer), 《세계의 일의화. 다의와 다양의 상실에 대하여(Die Vereindeutigung der Welt. Über den Verlust an Mehrdeutigkeit und Vielfalt)》, Reclam, Stuttgart, 2018. 바우어의 평론은 "모호함에 대한 편협"이라는 주제에서 가히 최고라 칭할 만하다.

| 2장. 가족 |

디디에 에리봉(Didier Eribon), 《랭스로 되돌아가다(Rückkehr nach Reims)》, Suhrkamp, Berlin, 2016. 사회적 지위의 상승으로 생에 발생하는 멀어짐의 비용과 수치의 고통에 대해 상세히 전한다.

스위스 출신의 미국 정신분석학자 레옹 뷔름저(Léon Wurmser), 《수치의 가면. 수치심 상태 및 수치심 충동의 정신분석(Die Masken der Scham. Die Psychoanalyse von Schameffekten und Schamkonflikten)》, 제2판, Springer, Heidelberg, 1990. 아마도 수치심이라는 태고의 현상을 누구보다 광범위하게 분석한 책일 것이다.

고령의 프랑스 작가 아니 에르노(Annie Ernaux)는 오토픽션(Autofiction), 즉 자전 소설의 대가로 꼽힌다. 그녀는 아무런 심리학적 해석 도구 없이, 어린 시절 "소박한 가정"에서 겪은 수치심과 결부된 불충의 경험을 치밀하고 섬세하게 이야기한다.

아니 에르노, 《남자의 자리(Der Platz)》, Suhrkamp, Berlin, 2019.

아니 에르노, 《한 여자(Eine Frau)》, Suhrkamp, Berlin, 2019.

아니 에르노, 《부끄러움(Die Scham)》, Suhrkamp, Berlin, 2020.

카린 슈트룩(Karin Struck), 《계급애(Klassenliebe)》, Suhrkamp, Frankfurt am Main, 1973.

일종의 교양 소설인 카린 슈트룩의 뒤를 잇는 후계자는 상당히 많다. 2001년부터 2017년까지 다수의 연작으로 발행된 울라 한(Ulla Hahn)의 자전 소설은 특히 인상적이다. 《숨겨진 말(Das verborgene Wort)》, 《출발(Aufbruch)》, 《시간의 장난(Spiel der Zeit)》, 《우리를 기다린다(Wir werden erwartet)》 등. 그리고 이에 견줄 만한 소설들이 몇몇 있다. 델핀 드 비강(Delphine de Vigan), 《충실한 마음(Loyalitäten)》, Dumont, Köln, 2018. 에두아르 루이(Édouard Louis), 《에디의 끝(Das Ende von Eddy)》, S. Fischer, Frankfurt am Main, 2015. 다니엘라 드뢰셔(Daniela Dröscher), 《당신의 계급을 보여 줘(Zeige Deine Klasse)》, Hoffmann und Campe, Hamburg, 2018.

뮌헨 대학교의 교수이자 독일 경제 연구소(Ifo Institut) 소장인 루드거 뵈스만(Ludger Wößmann)은 독일에서 손꼽히는 교육경제학자다. (https://www.ifo.de/woessmann-l/) 그는 낮은 교육 이동성이 경제적 문제 때문이 아니라고 확신한다.

앙드레 지드(André Gide), 《탕자, 돌아오다(Die Rückkehr des verlorenen Sohns)》, Reclam, Stuttgart 2012.

에드가 라이츠(Edgar Reitz)의 기념비적인 대서사시 〈고향(Heimat)〉은 아트하우스(Arthaus.de)에 총 20편의 DVD가 있다. 우리가 언급한 내용에 해당되는 부분은 제9회로, 〈고향〉 1부작과 2부작에서 꼬마로 불리던 주인공 헤르만이 고향을 벗어나 뮌헨으로 떠나는 시기를 그린다.

"사회적 대부"에 관해선 사회학자 마르틴 슈마이저(Martin Schmeiser)의 '교육적으로 불리한 사회 환경 출신의 독일 대학 교수들(Deutschen Universitätsprofessoren mit bildungsferner Herkunft)'이라는 연구 논문이 있다.

| 3장. 회사 |

빌레펠트의 조직사회학자 슈테판 퀼(Stefan Kühl)의 연구 서적은 "유용한 불법" 분석의 정점이라 할 수 있다. 《유용한 불법. 조직 내에서 규칙 위반으로 얻는 유익(Brauchbare

Illegalität. Vom Nutzen des Regelbruchs in Organisationen)》, Campus, Frankfurt am Main, 2020. 비행기 날개 조립 작업에서 벌어지는 기만에 관한 이야기는 퀼의 참고 문헌 덕분이다. 조셉 벤스먼(Joseph Bensman)/이스라엘 거버(Israel Gerver), '공장에서의 죄와 벌. 사회 제도를 유지하는 일탈의 기능(Crime and Punishment in the Factory. The Function of Deviancy in Maintaining the Social System)', American Sociological Review, Jg. 28, 1963, 588-598쪽. 간단히 정리된 내용은 슈테판 퀼의 책에 있다. 《조직 연구의 핵심(Schlüsselwerke der Organisationsforschung)》, Springer Fachmedien, Wiesbaden, 2015, 85-88쪽.

폭스바겐의 엔진 개발자 페터 L.(Peter L.)의 이야기는 2019년 5월 4일 〈슈테른(Stern)〉에 실린, 얀 보리스 빈첸부르크(Jan Boris Wintzenburg)의 르포르타주 '많은 이들이 알고 있었다(Viele wussten Bescheid)'의 일부를 내가 끌어온 것이다. 내부 고발자 스테파니 지보(Stéphanie Gibaud)의 이야기는 2019년 2월 24일 〈노이에 취르허 차이퉁(Neue Zürcher Zeitung)〉 일요일판에 게재된 기사이다.

케이트 케니(Kate Kenny)의 저작은 내부 고발에 관한 최고의 서적이라 할 수 있다. 《내부 고발. 새로운 이론(Whistleblowing. Toward A New Theory)》, Harvard University Press, Cambridge, 2019.

렐로티우스(Relotius) 사건을 적발한, 〈슈피겔(Der Spiegel)〉의 저널리스트 후안 모레노(Juan Moreno)는 이를 책으로 남겼다. 후안 모레노, 《수천 줄의 거짓말. 렐로티우스와 독일 저널리즘의 시스템(Tausend Zeilen Lüge. Das System Relotius und der deutsche Journalismus)》, Rowohlt Verlag, Berlin, 2019.

루이스 코저(Lewis Coser)의 논문들을 엮은 책은 다음과 같다. 《탐욕스런 기관. 전적인 헌신에 대한 사회학적 연구(Gierige Institutionen. Soziologische Studien über totales Engagement)》, Suhrkamp Taschenbuch Wissenschaft, Berlin, 2015.

파울 파린(Paul Parin)을 잇는 스위스의 민족학자 겸 정신분석학자인 마리오 에르트하임(Mario Erdheim)은 "사회적 죽음"에 대한 책을 쓰기도 했다. 《무의식의 사회적 산물(Die gesellschaftliche Produktion von Unbewusstheit)》, Suhrkamp, Frankfurt am Main, 1982.

| 4장. 정당 |

미국의 철학자 주디스 슈클라(Judith Shklar)는 충성을 주제로 다루는 여러 논문에서 알프레드 드레퓌스(Alfred Dreyfus)의 사례를 언급했다.

슈클라를 토대로 배신 및 배신자에 대한 논의를 한층 발전시킨, 이스라엘의 철학자 아비샤이 마갈릿(Avishai Margalit)의 평론은 내 고찰의 중심을 이루는 책이기도 하다. 《배신(On Betrayal)》, Harvard University Press, Cambridge, 2017.

수년 동안 〈프랑크푸르터 알게마이네 차이퉁(Frankfurter Allgemeine Zeitung, FAZ)〉의 빈 특파원으로 활동한 저널리스트 힐데 슈필(Hilde Spiel)은 돌아온 망명자로서 자신의 경험을 책으로 펴냈다. 힐데 슈필, 《빈으로의 귀환(Rückkehr nach Wien)》, Milena Verlag, Wien, 2009. (초판은 1968년에 발행되었다.)

오이겐 루게(Eugen Ruge), 《메트로폴(Metropol)》, Rowohlt, Hamburg, 2019. 루게는 책의 주인공인 그의 조부모와 모스크바에서 방대한 인터뷰를 가졌다. 소설의 후기에는 일종의 메이킹 과정이 덧붙어 있다.

역사학자 아네테 레오(Annette Leo)는 동독으로 돌아온 공산주의자들이 빠진 "충성이라는 함정"을 면밀히 들여다보았다. '충성이라는 함정. 볼프강 슈타이니츠와 DDR 건국의 아버지 및 어머니 세대(Die Falle der Loyalität. Wolfgang Steinitz und die Generation der DDR-Gründerväter und -mütter)', 《독일에서도 우리는 집이 없었다. 1945년 이후 유대인 재이주(Auch in Deutschland waren wir nicht wirklich zuhause. Jüdische Remigration nach 1945)》 중, 이르멜라 폰 데어 뤼에(Irmela von der Lühe) 외 편저, Wallstein, Göttingen, 2008, 299-312쪽.

┃ 5장. 이탈자 ┃

자아 이상(Ich-Ideal)과 소망, 그리고 집단 적응의 문제는 취리히의 민족학자 겸 정신분석학자 파울 파린의 한 논문에서 근본적으로 다룬다. '자아와 적응-메커니즘(Das Ich und die Anpassungs-Mechanismen)', Psyche, 31, 1977, 481-515쪽. 제목에서 알 수 있듯이 이 논문은 안나 프로이트(Anna Freud)의 유명한 저서 《자아와 방어 메커니즘(Das Ich und die Abwehrmechanismen)》을 살짝 비틀어, 인간의 삶에 방어와 적응이 모두 속해 있음을 분명히 하면서 동시에 적응 메커니즘을 문제로 삼는다.

발렌틴 그뢰브너(Valentin Groebner), 《누가 순수함에 대해 말하는가? 소소한 개념의 역사(Wer redet von der Reinheit? Eine kleine Begriffsgeschichte)》, Passagen Verlag, Wien, 2019.

가톨릭교회에서 절대 벗어나지 못한 자전적 경험을 담은, 크리스티나 플라이쉬만(Christina Fleischmann)의 소설 《하늘과 땅 사이(Zwischen Himmel und Erde)》의 줄거리는 2019년 12월 20일자 〈쥐트도이체 차이퉁(Süddeutsche Zeitung)〉 매거진에서 빌려왔다. 이와 더불어 오스트리아 작가 요제프 하슬링거(Josef Haslinger)가 어린 시절의 성적 학대를 폭로한 자전 소설도 읽어 볼 만하다. 《나의 사건(Mein Fall)》, S. Fischer, Frankfurt am Main, 2020.

페트라 게링(Petra Gehring), '노래, 포효, 언어 행위? 구호 외치기에 대하여(Gesang, Gebrüll, Sprechakt? Über Skandieren)', 《언어의 신체적 힘. 언어 행위 연구(Über die Körperkraft von Sprache. Studien zum Sprechakt)》 중, Campus Verlag, Frankfurt am Main, 2019, 15-32쪽.

도덕심리학자 조너선 하이트(Jonathan Haidt)의 책은 인간의 기본적 도덕성(배려, 연민, 공평함, 충성, 권위, 신성함)의 뿌리를 부족 역사적으로 들여다보며 풍부한 지식과 정보를 제공한다. 《바른 마음. 왜 선한 사람들이 정치와 종교로 갈라지는가(The Righteous Mind. Why Good People are Divided by Politics and Religion)》, Penguin Books, London, 2012.

배신자 "유다"를 탁월하게 해석한 부분은 아비샤이 마갈릿의 저서 《배신》에서 빌려왔다.

마피아를 충성의 조직으로서 누구보다 빼어나게 분석한 이탈리아의 사회학자 디에고 감베타(Diego Gambetta)의 서적은 여러 모로 유익하다. 《대부들의 회사. 시칠리아 마피아와 그들의 사업 관행(Die Firma der Paten. Die sizilianische Mafia und ihre Geschäftspraktiken)》, dtv, München, 1994. (초판, Harvard, 1993.) 코사 노스트라와 가톨릭교회의 밀접함은 옥스퍼드의 범죄학자 페데리코 바레세(Federico Varese)의 책에서 확인할 수 있다. 《마피아의 삶. 사랑과 돈, 그리고 죽음, 조직화된 범죄의 핵심(Mafia-Leben. Liebe, Geld und Tod im Herzen des organisierten Verbrechens)》, C.H. Beck, München, 2018.

| 6장. 분노 |

"시민 불복종"에 관한 문헌은 한도 끝도 없이 많다. 인류가 지구에 큰 영향을 미치기 시작한 지질 시대인, "인류세(Anthropocene)의 저항 및 시민 불복종"과 관련된 새로운 논의는 독일의 철학 학술지 〈알게마이넨 차이트슈리프트 퓌어 필로조피(Allgemeinen Zeitschrift für Philosophie)〉의 특집호에 잘 정리되어 있다. 45.2호, 2020.

충성에 맞서기에 양심이 그리 안전한 협력자가 아닌 이유를 설명하는 철학자 헤르만 뤼베(Hermann Lübbe)의 작은 책자는 35년이 지난 포퓰리즘 시대에 새로이 출간되어 크게 주목받고 있다. 헤르만 뤼베, 《정치적 도덕주의. 판단력을 넘어서는 신조의 대승리(Politischer Moralismus. Der Triumph der Gesinnung über die Urteilskraft)》, Lit Verlag, Berlin, 2019.

브레멘 대학의 정치학자 필립 마노프(Philip Manow)는 주어캄프(Suhrkamp) 출판사의 소책자 시리즈 중 하나인 《민주주의의 (탈)민주화((Ent)demokratisierung der Demokratie, 2020)》라는 책에서, 민주주의가 오늘날처럼 이론의 여지없이 확실했던 적도 없으면서 동시에 이처럼 이론의 여지가 분분했던 적도 없는 이유를 설명한다. 그는 대중의 통치를 동일시하는 데 오늘날의 대중이 어려움을 겪고 있다고 말한다.

헌법애국주의 개념을 처음으로 사용한 정치학자 돌프 슈테른베르거(Dolf Sternberger)는 "창백한 그리고 간접적인 충성에 대한 기대"가 연방 공화국에 결코 불리하지 않을 거라 누차 분명히 강조한다. 돌프 슈테른베르거, 《헌법애국주의(Verfassungspatriotismus. Schriften X)》, Insel, Frankfurt am Main, 1990, 85-94쪽.

이반 크라스테브(Ivan Krastev)와 스티븐 홈즈(Stephen Holmes), 《꺼진 불빛(Das Licht, das erlosch)》, Ullstein, Berlin, 2019. 책에서 두 정치학자는 포퓰리즘을 자유 민주주의의 대안이 없어 보이는 상황에서 생겨난 반대 운동으로 설명한다. 그러면서 민주주의가 스스로 침식을 이끌었다고 본다.

알레비파 아나톨리아 출신이자 현재 바덴뷔르템베르크 주의회 의장인 무흐테렘 아라스(Muhterem Aras)와 튀빙겐의 민속학자 헤르만 바우징거(Hermann Bausinger)가 고향의 의미에 대해 나눈 대담은 이 책에 담겨 있다. 《고향. 사라질 수 있을까?(Heimat. Kann die weg?)》, Klöpfer, Narr Verlag, Tübingen, 2019. 내가 무흐테렘 아라스와 가진 인터뷰는 2018년 2월 17일자 〈프랑크푸르터 알게마이네 차이퉁〉에 '운전석에 앉은 여성, 이는 나에게 새로운 것이었다(Frauen am Steuer, Das war mir neu)'라는 제목으로 실렸다.

| 7장. 해방 |

페루의 작가 마리오 바르가스 요사(Mario Vargas Llosa)는 쿠바 혁명을 지지하는 좌파 인사로 폭풍 같은 시절을 보내고 나서, 이후 우파로 전향하여 지속적으로 자유주의를 추구했다. "집단의 부름"에 저항하라는 칼 포퍼(Karl Popper)의 모토는 바르가스 요사의 모토가 되기도 했다. 그가 그리는 이상적 자유주의 지식인의 초상은 다음의 책에 담겨 있다. 마리오 바르가스 요사, 《집단의 부름(Der Ruf der Horde)》, Suhrkamp, Berlin, 2019. "집단에 저항하라"는 명령은 2009년 11월 20일 〈포린 어페어스(Foreign Affairs)〉에 게재된 바르가스 요사의 에세이에서 나온 것이다.

무리 행동의 비합리성과 관련하여 (제1장에서 언급한 저자들 외에) 반드시 짚어야 하는 중요한 저자로 샬런 네메스(Charlan Nemeth)가 있다. 《반대의 놀라운 힘(In Defense of Troublemakers. The Power of Dissent in Life and Business)》, Basic Books, New York, 2018.

알베르 카뮈(Albert Camus)와 장-폴 사르트르(Jean-Paul Sartre) 사이 갈등의 역사는 영국의 작가 사라 베이크웰(Sarah Bakewell)의 흥미진진한 서적을 통해 새로이 들여다볼 수 있다. 《실존주의자들의 카페. 자유, 자아, 그리고 살구 칵테일(Das Café der Existenzialisten. Freiheit, Sein und Aprikosencocktails)》, C.H. Beck, München, 2016.

파울 틸리히(Paul Tillich), 마르틴 하이데거(Martin Heidegger), 테오도어 W. 아도르노(Theodor W. Adorno)를 등에 업은 베를린의 종교철학자 클라우스 하인리히(Klaus Heinrich, 1927-2020)는 1964년 자신의 교수 자격 논문(Habilitationsschrift)에서 아니라고 말하는 저항에 대해 근본적으로 다룬다. 《아니라고 말하기의 어려움에 대한 시도(Versuch über die Schwierigkeit Nein zu sagen)》, Stroemfeld/Roter Stern, Berlin/Basel, 2002.

에티엔 드 라 보에시(Étienne de La Boétie), 《자발적 복종(Abhandlung über die freiwillige Knechtschaft)》, Limbus Verlag, Innsbruck, 2016.

불충의 대가로 주어지는 외로움에 관해선 한스 페터 드라이첼(Hans Peter Dreitzel)의 저서를 참고하자. 《사회학적 문제로서 고독(Die Einsamkeit als soziologisches Problem)》, Arche Verlag, Zürich, 1970. 고독에 대한 표현은 마리나 아브라모비치(Marina Abramović)와의 인터뷰가 실린 2020년 9월 26일자 〈파이낸셜 타임스(Financial Times)〉의 부록을 인용했다.

"불충의 미덕"을 주제로 한 그레이엄 그린(Graham Greene)의 열정적인 연설은 여기에 담겨 있다. 《포터블 그레이엄 그린(The Portable Graham Greene)》, 필립 스트랫퍼드(Philip Stratford) 편저, Penguin Classics, London, 1994. 524-527쪽.

바츨라프 하벨(Václav Havel)의 반대자에 대한 고찰은 1978년 처음 출간된 그의 에세이에서 확인할 수 있다. 《진실 속에서 살기로 시도하다(Versuch, in der Wahrheit zu leben)》, Rowohlt repertoire, Hamburg, 2018.

"불안을 고수하는" 삶의 일환으로, 자기 결정과 자기 인식에 대한 페터 비에리(Peter Bieri)의 고견은 다음의 저서를 참고하자. 《자기 결정(Wie wollen wir leben?)》, 제2판, Residenz Verlag, Salzburg, 2011.

충성이라는 함정

초판 1쇄 발행 2021년 12월 30일

지은이 라이너 한크
옮긴이 장윤경
펴낸곳 ㈜에스제이더블유인터내셔널
펴낸이 양홍걸 이시원

블로그·인스타·페이스북 siwonbooks
주소 서울시 영등포구 국회대로74길 12 남중빌딩 시원스쿨
구입 문의 02)2014-8151
고객센터 02)6409-0878

ISBN 979-11-6150-567-1 03300

시원북스는 ㈜에스제이더블유인터내셔널의 단행본 브랜드
입니다.

독자 여러분의 투고를 기다립니다.
책에 관한 아이디어나 투고를 보내주세요.
cho201@siwonschool.com